中学校英語サポートBOOKS

クラスが集中する

5つの分類×8の原則で
英語力がぐーんと伸びる!

音読指導アイデアBOOK

正頭 英和 著

明治図書

はじめに

音読との出会い

　私が音読と真剣に向き合うきっかけになったのは，大学院時代のことです。私は関西大学大学院外国語教育研究機構（当時）というところに2年間所属していたのですが，そこでは「英語指導力開発ワークショップ」というものが行われていました。これは現職の英語教師のために行われる研修会のようなものです。私はティーチングアシスタントとして，そのワークショップに参加させていただき，そこでたくさんのことを学ばせていただきました。その中の1つに「音読」がありました。私の音読歴といえば，授業の中で先生に「Repeat after me.」と定番の台詞を言われて繰り返す，リピート音読（コーラスリーディング）ぐらいしか記憶にありませんでしたから，そのワークショップで様々な音読方法に触れた時には衝撃が走りました。

音読は人気のテーマ

　ある高校の先生から「講師として学校で講演をしてほしい」という依頼をいただきました。当時（大学院時代）の私は，講師経験はおろか，教壇に立ったこともなかったものですから，大変驚きました。依頼テーマは音読でした。教壇に立ったこともない人間から音読のことを学びたいだろうか……と訝しんでいたのですが，「これは自分への試練だ！」と思い，無我夢中で講座を勤めました。私が勝手に思っているだけかもしれませんが，結果は大成功でした。その時に感じたことは「あぁ，音読ってみなさんが興味あるんだなぁ」ということでした。それから，私の「音読集め」が始まりました。全国の勉強会やワークショップ，セミナーなどに参加しました。移動手段はもっぱら深夜バスという過酷なものでしたが，勉強ノートを作り，教えていただいた音読方法を記録していく日々は充実していました。

音読中心の授業を展開

　２年間の大学院を修了し，私は幸いにも私立の中高一貫校に専任教員として採用していただきました。初年度は高校１年生の担当でした。私は，全国で集めてきた勉強ノートを持ち出し，音読中心の授業を繰り広げることを決意していました。とっても幸せなことに，相担当の先生たちも新米教師の私の言葉に耳を傾けてくださり，音読中心の授業展開を一緒に取り組んでくださいました。授業案のベースを私が考え，それを英語科の先生方と相談しながらブラッシュアップしていく。とっても幸せな時間でした。毎回の授業で，これでもかというぐらいに音読を取り入れました。生徒が飽きないように，あの手この手で工夫をし，様々な種類の音読を開発しました。授業の評判も上々で「英語が楽しくなった」「英語の授業は眠くならない」などの肯定的意見が，生徒からたくさん聞こえてきました。「自分がやってきたことは間違っていなかった！」そんな風に自分では思っていました。

誤解

　しかし，その年度の終わり頃に行われたテストで，衝撃の結果が返ってきました。力がほとんど伸びていなかったのです。「いや，違う。テストの点数は伸びていなかったとしても，テストでは見えない力が伸びているんだ！」そう思い，話す力が伸びているはずと，即興でのスピーキングなどに取り組みましたが，やはり結果は散々たるものでした。生徒の授業アンケートにも，

「音読はとても楽しかったです。でも，力がついたかは不明……。」

と書かれていました。

　私は「音読をすれば，英語力は伸びる」と勝手に思い込んでいました。しかし，ちょっと考えればわかることですが，そんなことはありえません。同じ音読方法であっても，学年が違えば，結果は違ってきます。クラスの雰囲

気によっても変わってくるでしょう。1時間目，プールの後の6時間目など，状況や環境によっても変わってくるでしょう。当たり前です。しかし，その状況や環境の違いによって生まれる成果の違いを，私は想像することができませんでした。とにかく音読をすれば，力は伸びると思い込んでいたのです。

わかったこと

　そこから，私の音読研究が始まりました。研究書や論文などを読みながら，「自分の実践の何がダメだったのだろう」と振り返りました。生徒にもアンケートをとりました。同僚の先生にもアドバイスを求めました。そしてわかったことは，それぞれの音読には「伸ばす力が違う」ということです。詳細は本書の中で紹介していますが，私は数ある音読方法を5つのカテゴリーに分類しました。

> ①音声チェック型
> ②意味思考型
> ③英文暗唱型
> ④文法確認型
> ⑤空気温め型

　「音読をすれば英語力は伸びる」というのは間違ってはいないと思います。しかし，正確ではありません。音読の方法が違えば，伸びる力も違います。このことを私はわかっていませんでした。そしてもう1つわかったことは，私が実践していた音読のほとんどは生徒が盛り上がる「空気温め型」であるということでした。「そりゃ，盛り上がっても力は伸びないわな……」と反省しました。

いろいろな先生と交流していると，私と同じような悩みをもっておられる方が多くおられることがわかってきました。現場には「音読することが当たり前」という空気が流れていて，音読することが正しいのかどうかの検証も行えないままに，惰性的に音読を行っている現状があります。また「コミュニカティブ」という言葉のもと，音読が英語授業の中から消えつつある現状も伝え聞きます。とても悲しいことです。音読は生徒が大好きな活動で，力を伸ばすことができる，とても有益な方法です。目的や方法をしっかりと理解していれば，英語力を伸ばすだけでなく，クラスの人間関係も良好にしてしまう力をもっています。これを使わない手はありません。

　本書で記されている音読アイデアは，すべて私が教室で実践したものです。先輩方から教えていただいたものに少し手を加えたものや，私オリジナルのものもありますが，共通して言えるのは私が教室で実践して「使える！」と思ったものばかりだということです。いわゆる研究論文であるような数値データや引用などはありません。それは，私がこの本を教室実践に根づいた本として意識したからです。音読にはクラスの空気を温めたり，人間関係をよくしたりする効果があります。そういった目に見えない効果は，数値化することはできません。しかし，現場の教員にとっては，時にはそういったものの方が大事なことも多々あります。

　本書をきっかけに，みなさまの生徒が音読を楽しみ，力を伸ばしていくことにつながっていけば，これほどうれしいことはありません。

正頭　英和

Contents

はじめに　3

Chapter 1

音読指導，その前に！
― どうして音読が大事なの？―

1 音読は英語学習の基礎基本である！ ……………………… 12
2 音読なんてつまらない！？ ………………………………… 14
3 授業は「結果」がすべて！ ………………………………… 16
4 何を言うかではなく，誰が言うかだ！ …………………… 18
5 CD vs 教師！？ ……………………………………………… 20
6 生徒をコントロールせよ！ ………………………………… 22
7 話を聞く文化を育てよ！ …………………………………… 24
8 「華やかさ」に惑わされるな！ …………………………… 26
9 音読は万能薬ではない！ …………………………………… 28
10 音読をたくさん知っておくべし！ ………………………… 30
　　音読 Can-Do-List の例 ……………………………………… 33

Chapter 2

音読指導を成功に導く8の原則！

- 原則1　活動には名前をつけよ！ ……………………………… 36
- 原則2　目的を共通理解せよ！ ………………………………… 38
- 原則3　モデル＝ゴールを聞かせよ！ ………………………… 40
- 原則4　音読前に内容を理解させよ！ ………………………… 42
- 原則5　「空読み」を防げ！ …………………………………… 44
- 原則6　スピードを指定せよ！ ………………………………… 46
- 原則7　音読が苦手な子に適切な処方箋を！ ………………… 48
- 原則8　音読を「見える化」せよ！ …………………………… 52

Chapter 3

目的別で効果抜群！
音読指導アイデア30

- ■なぜ音読を分類するのか？ ……………………………………… 56
  - 音声チェック型
  - 意味思考型
  - 英文暗唱型
  - 文法確認型
  - 空気温め型

【音声チェック型】

1. リピート音読 …………………………………………………… 58
2. バズリーディング ……………………………………………… 60
3. Individual Reading〈ジャンケン挙手〉……………………… 62
4. ダウト音読〈間違い発音を探せ！編〉……………………… 64
5. パーフェクト音読 ……………………………………………… 66
6. 指追い音読 ……………………………………………………… 68
7. Timed Reading ………………………………………………… 70
8. Shadowing〈英語編〉…………………………………………… 72

【意味思考型】

1. ダウト音読〈単語・文章編〉………………………………… 74
2. サイトトランスレーション …………………………………… 76
3. 置き換え音読 …………………………………………………… 78
4. 穴なし穴埋め音読〈意味思考型〉…………………………… 80
5. Shadowing〈日本語編〉………………………………………… 82
6. Picture Script 音読 …………………………………………… 84
7. 上の句下の句音読 ……………………………………………… 86

【英文暗唱型】

1. Read and Look up ……………………………………………… 88
2. 完コピリーディング …………………………………………… 90
3. キーワード音読 ………………………………………………… 92
4. 隠し音読 ………………………………………………………… 94

【文法確認型】

1. 2人称読み ……………………………………………………… 96
2. 3人称読み ……………………………………………………… 98
3. 疑問文音読〈Yes-No 編〉…………………………………… 100

Contents　9

❹	疑問文音読〈応用編〉	102
❺	否定文音読	104
❻	穴なし穴埋め音読〈文法確認型〉	106

【空気温め型】

❶	背中合わせ音読	108
❷	チャイム音読	110
❸	Highway Reading	112
❹	クロス音読	114
❺	リレー音読	116

Chapter 4

少しの工夫で効果倍増！
音読を充実させる7の仕掛け

仕掛け1	隠す	120
仕掛け2	必要性をつくり出す	122
仕掛け3	ゲーム化する	124
仕掛け4	方向を変える	126
仕掛け5	音読テスト	128
仕掛け6	小道具を活用する	134
仕掛け7	指名を工夫する	136

おわりに　138

Chapter 1

音読指導，その前に！
―どうして音読が大事なの？―

# 音読は英語学習の基礎基本である！

Rome was not built in a day.

　「ローマは一日にしてならず」という意味です。簡単に言うと，結果を出すためには，コツコツ積み重ねていくしかないんだよ，という意味です。これは英語学習にも言えます。最近は見なくなりましたが，ちょっと前には「1週間で英語が話せるようになる！」という謳い文句の教材などがよく本屋に並んでいました。しかし，私はその教材で英語を使えるようになった人を見たことがありませんし，もっと言うと，1週間で英語を使えるようになった人を見たことがありません。英語学習は，やはり地道にコツコツと積み重ねていくことでしか成果を出すことはできないと思っています。

　今の時代，もしも真剣に「英語を学びたい！」と思えば，方法はいくらでもあります。英会話学校に通うことも，自分で教材を買って勉強するのも，留学することだって，それほど難しい時代ではありません。インターネットを使えば，無料で勉強できるサイトなどもたくさんあります。英語を学ぶ方法，つまり英語の勉強方法は無数にあります。その無数にある勉強方法の中で，最も効果的なものは何なのでしょうか？　私は「音読」だと思っています。

　では，音読だけをすれば，英語を使えるようになるでしょうか。答えはもちろん No です。音読だけでは，英語をマスターすることは難しいでしょう。それでも英語に必要な技能（聞く・読む・話す・書く）を広範囲でカバーしつつ，ローコストであることを考えれば，**「音読こそが英語学習の最強の方法である」**ということが言えると思います。

音読の効果

　音読することがどのように効果的なのでしょうか。文字を見ながら音読をすれば，文字を見ているわけですから，スペリングを覚えることにもきっと

効果があるでしょう。また，音読を暗唱するところまで行えば，自分の脳の中に英文を蓄積していくことができます。正しい発音で音読すればリスニング力の向上にも効果があるでしょう。もちろん，音声化して話しているのですから，スピーキング力にも役立つでしょう。音読のもつ効果に関しては，専門書や研究論文などがたくさんあります。詳しい説明などはここではしませんが，英語教師であれば一度は目を通しておきたいものです。

英語のつまずき診断

　私は多くの専門書が説明するように，音読は生徒の英語力の向上を多面的に支えてくれるものだと思っています。しかし，教壇に立つ教師にとってはもう1つの大きな意味があります。それは，「英語のつまずき診断」になるということです。生徒に音読をさせてみると，いろいろなことがわかってきます。リスニングが苦手だと思っている生徒に音読をさせてみると，単語を正しく発音ができていなかったりします。同じ単語であっても，違う発音で覚えていれば，聞き取れるはずがありません。また，長文読解が苦手な生徒は，文を切るタイミングがおかしかったりします。意味の固まりを理解せずに音読しているからです。それでは，英文の意味がよくわからないので何度も読み返すことになってしまい，結果的に長文が嫌いになってしまいます。

　このように音読には「つまずき診断」の効果があります。逆に言うと，正しく音読できることが，英語学習の基礎基本であるということができます。自立した英語学習者を育てるためには，**「自力で音読できる力」**というものをつけてあげることが必要です。

✓ 要点チェック！

　音読は英語学習の基礎基本です。それ自体が生徒の英語力向上に効果があるだけでなく，教師にとっては，生徒の「つまずき診断」の効果もあります。
　ぜひ，音読を積極的に授業に取り入れていきましょう。

音読なんてつまらない！？

音読の魅力って？

　音読を経験したことのない英語教師はいるでしょうか？　おそらくおられないと思います。学習者として音読を経験したか，指導者として音読を経験したか，もしくはそのどちらもか。いずれにせよ，音読を行われたことがある方が多数であると思います。

　教師として音読という活動を考えた時，それは非常に魅力的なものです。まずは，準備物が必要ない，ということです。教科書と教師さえいれば，基本的には他に何も必要ありません。また，多くの専門書や研究が証明しているように，音読の学習効果は非常に高いです。そして，声を出すことにより，授業のスパイスになったり，活性化に一役を買ったりします。

音読の弱点

　魅力いっぱいの活動なのですが，唯一の弱点があります。それは「単調」な活動であるということです。「音読の学習効果は非常に高い」と書きましたが，それは長期的視点に立った場合です。音読をしたら，すぐに英語力が伸びるわけではありません。ですから，多くの生徒が気にしているであろう定期テストや入試などで，すぐに効果があるのかと言われれば，それは疑問です。少なくとも，生徒はそう思うはずです。音読の効果や意味を丁寧に指導しない限りは，授業中にいくら音読していても「これって役に立つのかなぁ」と生徒が考えてしまうことは，とても自然なことです。中学生ぐらいになってくると，音読を面倒だなぁと思っている生徒も出てきます。「また音読するの？」なんて声も出てくるかもしれません。簡単に言うと**「飽きる」**のです。

　生徒が出す「飽きましたよオーラ」は，教師にとっては地獄にも等しいも

のです。生徒が嫌々ながらする音読の気だるい声は，クラスの空気を停滞させるだけでなく，教師を動揺させる不思議な力をもっています。もちろん，この空気に打ち勝つ強い教師もいます。「音読は君たちの英語力を伸ばすために必要なんだ！　やりたい・やりたくないではない！　やらなきゃいけないんだ！」と生徒に信念をもってぶつかっていける教師もいます。こういう教師であれば，特に問題はありません。生徒が「英語力が伸びてきた！」と実感すれば，生徒は教師についていくでしょう。でも，多くの教師はそうではありません。単調な活動が生む独特の空気に負けてしまい，ゲームなどをして活性化させようとします。そのゲームが単発で他の活動とのつながりが薄ければ，ますます楽しいことしか参加しない生徒が育ってきてしまいます。

「気にせず突き進む」か「工夫する」か

　では，どうするか？　私が考える選択肢は2つです。1つ目は**「気にせず突き進む」**という方法。そして，もう1つは**「工夫する」**という方法です。本書は「工夫する」という選択肢を中心に書き進めていますが，「気にせず突き進む」という方法も，私は大事だと思っています。時には気にせず突き進んだり，工夫してみたり，どちらかの方法だけでなく，バランスを大切にしたいなぁと私は思っています。また，どちらの方法を選択するにせよ，音読活動の意義・効果をしっかりと生徒に語って聞かせることは，とても大事だと思います。私はこれを**「意味づけ指導」**と呼んでいます。

　音読は単調な活動です。そのことを意識するだけで，音読指導は少し変わってくるのではないかと私は思っています。

✓ 要点チェック！

　教師は「音読に価値がある」と思っていても，生徒は思っていないことがあります。音読は基本的には単調な活動ですから，工夫が必要になります。工夫と一緒に，「音読の価値」を生徒に語りましょう。

Chapter1　音読指導，その前に！　**15**

3 授業は「結果」がすべて！

「指導案」からわかること……

　研究授業や公開授業をする時,「指導案」というものを書きます。教材観や生徒観なども記入された仰々しいものから, 簡略的なものまでいろいろと幅があります。研究授業や公開授業の場合は, 指導案を書くことが普通です。私もこれまでに多くの指導案を拝見させていただき, 自らも書いてきました。そして思うことは,「指導案を見てわかることは, 実際の授業を見てわかることの10%ぐらいだ」ということです。10%の数字に意味はありませんが, それぐらい少ないということを意味しています。

　私が, 最近見て「すごいなぁ！」と思った授業は, 文法訳読式の授業でした。簡単に言うと, 生徒に問題集をやらせるだけの授業だったのですが, 生徒のわからない部分を親身になって聞き取り, わかるまで根気強く教える。そして, 生徒たちも教師の話を真剣に聞き取り, 時にはメモまでしている。私はその先生に「生徒のことを大好きなのですね」と聞くと, その先生は「はい！　愛しています！」とお答えになられました。胸が熱くなる授業でした。この授業のよさは, 指導案を見るだけではわかりませんでした。

「一斉授業」vs「協同学習」？

　教師の世界で, 協同学習というのがブームになっています。教師が教え込むのではなく, 生徒が自ら課題を発見し, 仲間と協力しながら, 課題を追求していく, というものです。広義では, ペアワークやグループワークも協同学習に属するようです。私も授業の中でペアワークやグループワークを多用しているので, その意味では協同学習を積極的に授業に取り入れている教師の1人なのかもしれません。しかし, 私は教師の世界にある「一斉授業よりも協同学習」という流れに強い違和感をもっています。ある研究授業の事後検討会で, 指導案を見たある先生が「一斉スタイルが多すぎる。もっと協同

学習的要素を取り入れないと」と発言されました。そこからしばらく「一斉授業 vs 協同学習」というような形での議論が生まれました。それは興味深い議論だったのですが，私の知人（教師ではなく，教育関係の仕事に就いている）がボソッと**「生徒が伸びるなら，どっちでもいいんじゃないの？」**と言いました。私はこのささやきから大事なことを教えてもらいました。

方法よりも大切なものは……

　大切なのは，方法ではなく生徒が伸びたかどうかという「結果」なのだと思います。音読でも同じことが言えます。私も本書で書いていますが，音読をする時の原則として「内容理解が先」というものがあります。意味内容のわからないものを音読しても，効果が薄いからです。内容理解が先ということは，音読を語る上での一般的な原則です。私もこの原則は大切にしています。しかし，**絶対的なものではない**とも思っています。時には，内容理解の前に音読をさせることもあります。それは，その方が生徒の力が伸びると考えられる場面だからです。音読をするのは，内容理解の前か後か？　その答えは，生徒を目の前にした教師にしかわかりません。内容理解の前であったとしても，生徒の力が伸びるのならば，それでよいと私は思います。

　方法の善し悪しではなく，生徒が伸びたかどうか。これが私の判断基準です。生徒を見ずに方法だけを見て，よいとか悪いとかは言えないと思うのです。私の同僚は「子どもの成長した姿がすべて」という言葉をよく使います。とってもいい言葉だなぁと思い，いつも大切にしています。

✓ 要点チェック！

　私の判断基準は「生徒が伸びたかどうか」です。そうすると，自分が大切にしなければいけないものが見えてくるような気がします。どんな方法もやってみないとわかりません。とにかく自分で実践してみて，生徒が伸びたかどうかを大切にしたいなと思っています。

 ## 4 何を言うかではなく，誰が言うかだ！

言葉は同じでも，伝わり方が違う

　私の仕事は「英語教師」です。仕事内容は「英語を教えること」です。もちろん，それだけではありません。学級経営や行事指導，クラブ指導などを通じて，「子どもを育てること」が私の仕事です。「教え，育てる」ことが教育ですから，どんな方法であろうとも，私の仕事は「教える」ことです。そして「教える」時に，言葉はとても重要なツールになります。

　しかし，同じ教え方でも使い手が違えば，伝わる意味は違ってきます。例えば，サッカー大好き少年に，私が「ドリブルの練習を毎日しよう」と言っても，きっと練習はしません。でも，サッカーの本田圭佑選手が「ドリブルの練習を毎日しよう」と言えば，きっとその子は毎日練習するようになるでしょう。

　発しているメッセージは同じなのですが，伝わる意味が違う。これはよくあることです。それは，教えられる側（生徒）が教える側（教師）を「モデル」として見ているからです。私は先の少年にとって，サッカーのいいモデルではありません。私はサッカーが出来ないからです。しかし，本田圭佑選手はあきらかにいいモデルです。「ドリブルの練習を毎日しよう」と言ってもらったその少年は，無意識の内に「僕のようになれるよ」というメッセージを本田選手から受け取ったのです。

モデルとしての英語教師

　英語教師にも同じことが言えます。それは，「教師の英語力」という意味です。きれいな発音ができない先生が「発音は大事だよ」と語っても，生徒にはあまり響きません。ネイティブとの会話がしどろもどろになっている先生が「英語力を伸ばす方法」を語っても，やはりあまり響かないでしょう。それは，内容よりも語り手が重要だということを意味しています。つまり，

「何を言うかではなく，誰が言うか」ということです。

　教育の世界に「ヒドゥンカリキュラム」という言葉があります。教師の無意識の言動が，子ども達に影響を与えている，という意味です。例えば，授業の時間を守らない先生は，無意識のうちに生徒に「時間なんて守らなくていいんだよ」という意味を発信していることになっていたり，休み時間に質問に来た生徒に「忙しいから，また今度！」と言って追い返せば，「あなたよりも大切なことがあるの」という意味になっていたりします。つまり，自分自身の発音をおろそかにしながら英語を使っていると，生徒に「発音なんてどうでもいいんだよ」ということを示していることになります。

　「何を言うかではなく，誰が言うか」と「ヒドゥンカリキュラム」は似ています。それは**教師が「モデル」である**ということです。同じ言葉でも，誰が言うかによって伝わり方は全く異なります。そのことを意識せずにいると，生徒との人間関係の構築で苦労することになります。私の英語力もまだまだですが，生徒の「モデル」としてふさわしくなるために，日々精進しています。

✓ 要点チェック！

　「何を言うかではなく，誰が言うか」ということは，教師の人間力とも関わってくる大きな問題です。私たちは，望んでいなかったとしても，生徒から「モデル」として見られています。それは，英語のモデルであり，人間のモデルです。生徒の「英語のモデル」としてふさわしい英語力を身につけるために，日々の努力が必要です。

教科書の音源は便利だけど……

　昔からあるものとして「教科書付属のCD」というものがあります。私自身が中学生だった時にもありました。当時英語を教えてくださっていた先生がCDを流し，そのCDのあとに繰り返して音読をしていたことを今でも覚えています。そのような使い方を私自身もしています。私はなぜか「カセットテープ」が好きなので，学校にあったもう使われていないカセットデッキをいただき，教科書の音声をカセットにダビングして使っていました。CDデッキにはない「ガチャ！」というカセットデッキの停止音が私は好きなのです。とにかく，音源というものは昔から教師の手元にありました。今，その音声はデータ化され，持ち運びも便利になりました。スピーカーも小さくなりましたので，パソコンで操作して授業で使っておられる先生も少なくないと思います。

　「ネイティブの音声に触れさせる」「いろんな人の話す英語に触れさせる」という意味でのCD（教科書付属の音源とお考えください）の使用は，とっても意味があると思っています。私自身も使っています。しかし，「教師が美しい英語を話せなくてもいい。今はネイティブの英語が簡単に手に入るのだから」という主張をされる方がおられます。「教師が英語をきれいに話せなくてもいい。むしろ中途半端な日本人英語よりも，ネイティブの音声の方が聞くに値する」という発言も聞いたことがあります。私はこの主張には強い違和感を覚えます。インターネット授業や学習教材としての主張であるならばまだわかるのですが，実際の授業でこれが行われるとなると，生徒がどんな表情をしているのかが容易に想像できます。

CDの声か，教師の声か

　授業は**ライブ**です。こちらの想像もしていないような方向に授業が流れていったり，生徒が教師の予想を超えてくることは，よくよくあることです。そういったことにCDは対応できません。またICTは，突然動かなくなるということがよくあります（私だけの経験かもしれませんが）。仮にCDが動かなくなったとします。ネイティブの音源に頼っている先生はきっとあたふたしてしまい，生徒がしらけてしまうのではないでしょうか。

　授業は教師と生徒のやり取りです。機械と生徒のやり取りではありません。ICTなどを活用してネイティブの音声を聞かせることは賛成ですが，あくまで補助的なものであるべきだと思っています。生徒のその場の動きに臨機応変に動くことができるのは，教師しかいません。やはり，教師の英語を聞かせるべきです。音読指導においてもCDのあとに繰り返させるだけでなく，「ここ間違えないでね。こう発音するんだよ」と言って，見本を聞かせられるようにしなければいけません。**そういう教師を生徒は信頼する**のだと思います。

✓ 要点チェック！

　CDは便利です。活用しましょう。しかし，頼りすぎてはいけません。「CDがあるから，英語の練習はしなくていいや」と教師が思っていると，生徒はそういう教師の態度を見抜きます。「CDがなくても，先生の英語がモデルだよ」と言えるように練習をしておきたいものです。

6 生徒をコントロールせよ！

音読を工夫する「落とし穴」

　別の項でも書きましたが，音読は基本的につまらない活動です。普通にやれば，生徒が乗ってくることはおそらくありません。教室には活気づく，というよりも停滞感が生まれるはずです。音読は単調な活動なのです。それを「生徒が飽きないように様々な工夫をしよう」というのが本書の大きな目的の1つです。私の知る限り，「英語の音読を工夫しよう」という本はあまり見かけませんが，「授業を工夫しよう」という本は大量に本屋に並んでいます。小学校教師の世界では「ミニネタ」なる名前をもち，授業の一工夫が紹介された本がたくさんあります。私も多いに参考にさせていただいています。

　しかし，これらの「工夫」には大きな落とし穴があります。それは，**「生徒をコントロールできるか」**ということです。面白い活動や，生徒が盛り上がるゲームは，生徒の学習効果が曖昧なケースがよくあります。それは，生徒が盛り上がりすぎて，教師のねらいと違ってきてしまうことからです。私は中学1年生を担当すると「発音カルタ」というものをします。似た発音のもの（capとcupやthickとsickなど）をカルタにし，教師の発音を聞き取り正しいものを取るというゲームです。基本のルールはカルタと同じなのですが，最後の方は生徒が「一か八かや！」と言って，教師の発音を聞く前に取ろうとしてしまうことがありました。教師のねらいは発音を聞き取る練習だったのですが，生徒は盛り上がり（勝ちたいと思い）すぎてしまい，教師のねらいとは違う方向でゲームを楽しんでしまったのです。これでは，何度やってもリスニングの力を伸ばすことはできません。

　本書で紹介する音読の方法も，盛り上がるものがあります。盛り上がりすぎて，時には生徒が本筋から脱線してしまうこともあるかもしれません。そ

の時に，しっかりと全体の活動を止めて「今の盛り上がり方は違うよ。先生はこういう思いをもって，この活動をしている。だから，その盛り上がり方は違うんだ」と生徒全体に話をすることができるかどうかがとても重要になってきます。

盛り上がるからこそ，コントロールを！

　本書では紹介していませんが，私の音読のレパートリーの中に「イスの上に立って音読（空気温め型）」というのがあります。読んで字のごとく，イスの上に立って音読させる技です。これは靜哲人先生（大東文化大学）に教えていただいた技で，大変盛り上がる活動なのですが，若い先生にはあまりオススメしていません。想像していただけると思いますが，生徒をコントロールする力がないと，悲惨な活動になってしまいます。盛り上がる活動には，それを支える教師の力が必要になってきます。強引な力技だけが，生徒をコントロールする方法ではありません。ルールを徹底しておくことや小道具を使うことなどで，生徒をコントロールすることだって可能です。**生徒をコントロールする力を身につけることができると，授業で行える活動の幅が一気に広がっていきます。**

✓ 要点チェック！

　「コントロール」という言葉を使うことには抵抗がありますが，それでもやはり生徒を掌握するという力はとても重要だと思います。盛り上がるゲームであっても，それが授業崩壊につながってしまうのであれば，教師にも生徒にも不幸な活動です。盛り上げる活動ほど生徒をコントロールする力は重要になってきます。

話を聞く文化を育てよ！

ルールではなく，ムードで人は動く

　私が尊敬する同僚の先生は，**「生徒はルールではなく，ムードで動くんだ」**とよくおっしゃっています。ムードは生徒にとっても大変重要です。みんなが手を挙げて授業に参加していれば，恥ずかしがり屋の生徒もつられて手を挙げるかもしれません。逆に思ったことを何でも発言してしまう生徒は，みんながシーンとしている授業だと，静かになってしまうことでしょう。

話を聞く文化

　音読をさせる時，私は具体的なゴールを設定します。私のゴールは**「みんなの前で音読を発表できるようにする」**です。詳細は，別項で書いていますが，みんなの前で発表するために必要なのは，1人で音読をやりきる力と，上手な聞き手です。聞き手がいい加減であれば，発表者は育ちません。聞き手がしっかりしていれば，発表者は成長していきます。音読を発表するかどうかは置いておいて，「聞き手を育てる」ということはとても重要です。

　「話を聞く文化」とは，

①どんな状況であっても先生が全体に話し始めたら，作業を止めて，膝とへそと目を先生の方に向けること
②友達の意見（発表なども含む）も，同じように聞くこと

という2つを生徒が当たり前のようにできるようになることを意味しています。

そして，この２つを生徒に定着させるためには，

教師のしつこい指導

が必要になります。生徒は放っておくと，すぐに手遊びをします。頬杖をついて話を聞くようになります。教師の話を耳だけで聞くようになってしまい，「ちゃんと聞いているのか？」「聞いてますよ」などというやり取りになってしまいます。４月に話の聞き方の指導をしたら，とにかくしつこく指導しなければいけません。目が下を向いていたら「目！」と言い，体が違う方向を向いていたら，「へそ！」と言って徹底します。これはつまり，「話を聞くように指導する」のではなく，**「話の聞き方の指導」**をしているのです。本当に聞いているのかどうかを判断するのには時間がかかりますが，話の聞き方に関しては，教師が目ですぐに確認ができます。間髪入れずに指導ができます。不思議なもので，膝とへそと目が教師に向いている状態で，話を聞かないでおくということは難しいのです。膝・へそ・目の３つが教師の方を向いていれば，生徒は話を聞くようになります。

これが生徒に定着してくれば，「話を聞く文化」が育ってきます。こうして聞き手が育てば，発表者も育つようになってきます。何よりも生徒たちが授業に集中するようになり，学力も向上するようになってきます。話を聞く文化をつくることは，時間と根気が必要ですが，４月からしつこく続けていれば，必ず出来上がるものです。

✓ 要点チェック！

私は「聞く」を「聴く」と教えることがあります。「聴」には，「耳」と「目」と「＋（プラス）」と「心」という文字が入っています。耳と目とプラス思考で「聴く」という言葉は完成します。そんな話を生徒にすると，「おぉ～」と声をあげて話を聞いてくれます。

8 「華やかさ」に惑わされるな！

音読授業は華やかに見える！

　音読を授業で行うと，活気が出ます。教室には生徒の英語が響き渡り，笑顔があふれます。授業が終わると，「え，もう終わり！？」という声が聞こえてきたりします。生徒が集中していた証拠です。こういう授業ができると，「あぁ，いい授業が出来たなぁ」と思ってしまいます。しかし，よく考えてみると，「生徒はどんな力をつけたのだろう？」とわからなくなってしまうことがありました。

　音読をすると，授業が「華やか」に見えることがあります。教室が賑やかになり，生徒は自分たちの音読の世界に入り込みます。そういう状態を見て，「生徒が集中しているいい授業」という評価をしてしまうことがあります。しかし，音読に限ったことではありませんが，「華やかさ」は授業の本質ではありません。私は，授業の本質とは「力を伸ばすこと」だと思っています。それが，単語力なのか文法力なのか，または英語ユーザーとしての「心」なのか，いずれにせよ**力を伸ばすことが授業の本質**です。

華やかだけでは……

　華やかな授業は教師がいい気分になってしまいます。当然のことながら，教師の気分よりも生徒が力を伸ばすことの方が大事です。そして，それが授業の目標のはずです。授業における華やかさは，本質ではなくあくまでも結果として生まれたものです。ですから，見た目に華やかでなくても，生徒の頭の中がフル回転していれば，いい授業と言えると思います。逆に，見た目が華やかな活動であっても，頭をあまり使わない活動であれば，生徒の力を伸ばしていない授業なのかもしれません。なので，自分の授業を振り返る時，見た目の華やかさに惑わされることなく，生徒の力をしっかり伸ばしている

かどうかを見極める必要があります。

　追記しておくと,「華やかな授業」を否定しているわけではありません。授業における「活気」は,**現代の子ども達を授業に巻き込んでいく上でとても重要な要素**になります。私が本書で紹介させていただいている「空気温め型」の音読は,教室を活気づかせることに役立つと思います。しかし,それはやはり本質ではありません。教室を活気づかせたら,その活気づいた空気を活かして何をするのか,ということがとても大事になります。教室を支配する「空気」は,生徒にとってはとても大切です。それは,**生徒がルールではなく,ムードで動く**からです。

✓ 要点チェック！

　華やかな授業を求めてしまう理由は,人それぞれにあると思います。しかし,「華やか」で終わってしまってはいけないと思うのです。授業の本質は「生徒の力を伸ばすこと」です。当然のことなのですが,このことを見失ってしまうことがよくあるような気がします。

9 音読は万能薬ではない！

音読がゴールになっていませんか？

「音読は英語学習において有益な手段である」という前提でここまで本書を書いてきました。それは私自身がそう感じており，また信じているからです。しかし，音読は万能薬なのでしょうか？

多くの教師が陥りがちなのが，**音読をゴールだと思ってしまうこと**です。当然，音読はゴールではありません。ですが，音読は授業として華やかに見えたり，また多くの研究者が音読の学習効果を証明されていく中で，どうしても音読がゴールになった英語授業が展開されてしまうことがあります。誤解のないように記しておきますが，音読が多く取り入れられた英語授業は，私はすばらしいと思っています。しかし，音読だけで終わってはいけないとも考えているのです。

音読の目的を指導しよう！

音読を授業の中に取り入れようと考える時，必ず「何のため？」ということを考えなければいけません。それも「英語力を伸ばすため」という大きく漠然としたものではなく，具体的に考えなければいけないと私は思っています。音読はあくまでも手段です。その手段を使って，何をできるようにさせたいのかを考えておかなければいけません。

例えば，ある英文を暗唱させたいとします。そのために音読をするということであれば，これは意味のある音読だと思います。生徒にも「覚えなければいけないんだ」という意味が生まれ，活動の効果も高まるでしょう。しかし，教科書の意味を解説したあとで「それじゃ，一度読んでみましょう」と音読を開始しても，生徒には意味が生まれません。活動の効果もそれほど得

られないような気がします。また，音読が終わったあとに「よし，それじゃ，次のページに行くよ」となってしまうと，生徒には「何の意味があったの？」となってしまいます。

教師が考える「音読の価値」と生徒が考える「音読の価値」は違うことが多いです。教師が「音読すること自体に価値があるのだ」と油断していると，生徒は音読のやる気をなくしてしまいます。また，「音読は価値のある活動なんだ！」と力説ばかりしていても，同じ結果になってしまいます。音読には英語力を伸ばす力があります。しかし，それは長期的に見て言えることです。生徒は結果を長期的に待つことがなかなかできません。「すぐに結果が欲しい！」と考えるのが，今の生徒たちです。ですから，「いつか英語が使えるようになるために音読するよ」というよりも**この文章を覚えて発表してもらうから音読するよ**」という方が，生徒の音読へのモチベーションは上がりやすいのです。

音読＋αを！

授業では，できるだけ音読で終わらないようにすることが大切だと思っています。音読をしたら，それを使って何かの活動をさせること，つまり「＋α」の活動が大切だと思います。音読はゴールではなく手段であり，練習です。練習をすれば，力を試してみたくなるものです。＋αの活動を準備することで，「このために音読するのだな」と意味が生まれます。**生徒が意味を感じて行う音読の学習効果は非常に高い**のです。

✓ 要点チェック！

音読をしたら＋αの活動を仕組みましょう。そうすると，音読の効果がより引き立ちます。毎回の音読で＋αの活動を仕組むのはなかなか難しいですが，そう意識しておくことで生まれるアイデアもあると思います。

 **音読をたくさん知っておくべし！**

音読に工夫を！

　私は多くの音読レパートリーをもっています。授業中にフッと思いつくこともあります。しかし，授業で主に使っている（私の授業ルーティンの中に入っている）のは３〜４種類程度です。それ以外の音読は，必要に応じてしか使いません。しかし，本書では私が主に使っている音読の他に，必要に応じてしか使わないものも含めて30種類のものをご紹介させていただいています。

　私は主に３〜４種類しか使っていないのに，なぜここまでの音読をご紹介させていただくのか？　それは，音読の方法を多く知っておくことにメリットがあるからです。「ｉ＋１」という言葉をご存知でしょうか。これは，「自分のレベルよりちょっとだけ上のレベルを課題として設定することが力を伸ばすために有効だ」という意味での表現です。自分のレベルより少しだけ上の課題を設定すると生徒は伸びます。簡単すぎても，難しすぎてもダメなのです。

　本書でもたくさん音読をご紹介させていただいていますが，読者のみなさまにとっては，「使えないかなぁ……」と思わせてしまうような音読もあるかもしれません。しかし，それを含めて知っておくことに価値があると思っています。それは，**「音読は単調な活動である」**という真実があるからです。

生徒のレベルに対応できる

　いろんな音読を知っておくと，いろんなニーズに対応できるようになります。例えばＡの音読が終わったら，Ｂの音読へ。それが終わればＣの音読へ，とレベルを設定してあげることもできます。Can-Do-Listのようにし

てあげれば，生徒が自分たちで進んで音読をするようになります。教室には英語が得意な子もいれば，苦手な子もいます。すべてのレベルに対応できる音読は，そう多くはありません。ですから，**多種多様な音読を知っておくことで，いろんなレベルの生徒に対応できる**ようになります。

単調な活動のスパイスになる

　例えば，Read and Look up は英文を暗唱するという意味において，非常に効果があります。英語は「覚えてナンボ」の教科ですから，教師としてはたくさんの英文を覚えてもらいたいのですが，毎回 Read and Look up では，生徒は飽きてしまいます。そんな時に違う音読方法を活用することで，切り口を変えながら結果（生徒が英文を覚える）を変えない，ということが可能になります。私は「Read and Look up に飽きてきたかな？」と感じた時は，「キーワード音読」などを活用します。いずれにせよ，活動に変化をもたせる意味でも，たくさんの音読方法を知っておくメリットはあります。

教師に余裕ができる

　私は「無駄なものが多いほど，人生には余裕が生まれる」と思っていますし，生徒にも「選択肢の多い人生は豊かな人生だよ」と話をしています。たくさんの音読方法を知っておくことは，教師の余裕をつくると私は信じています。ある音読を使うにしても，たくさんある音読の中からその方法を使用するのと，その方法しか知らないのでその音読を使用するのとでは意味が違ってきます。私は，この本で紹介させていただいた30種類の音読の他にもいくつかの方法をもっています。この本で紹介させていただかなかったのは，それらの方法があまりにもくだらない方法だからです。アイデアだけで，授業では試したことのない音読さえもあります。しかし，そういう持ちネタの多さが，自分に余裕を生んでいると思っています。そしてそういった教師の余裕を見て，生徒は安心感をもちます。目に見えない空気が教師からは無意識の内に出ています。余裕のない教師から出る空気で，生徒は安心したりは

しません。やはり，生徒の前に立つ者として，余裕をもっておきたいと私は思います。

生徒が「工夫してくれている」と感じるようになる

　音読は単調な活動です。それは教師が思うよりも，生徒の方がはるかに感じています。いろんな音読方法を授業で活用することは，生徒が**「この先生は授業方法を工夫してくれている」**と思わせることにつながります。あまりいろんな方法を使いすぎると，「一貫性がない……」と言われたりするかもしれませんが，たまに違う方法を入れていくことは，生徒にプラスイメージを与えることになります。「今日は新しい音読するぞ！」と言うと，目をキラキラさせてくることも珍しくありません。生徒の表情を見て，「そろそろかな」などと考えながら音読方法を変化させていくと，生徒は「私たちのことを見てくれている」と考えてくれるようになります。もちろん，全員がそのように都合よく解釈してくれるわけではありませんが……。

✓ 要点チェック！

　音読方法を変化させていくことにはメリットがあります。しかし，私は「変化させよ！」と言っているわけではありません。むしろ，コロコロと変化させることは「一貫性がない……」と思われる要因になります。いつの頃からか「ブレる」ということに関して，生徒は敏感に反応するようになってきました。生徒が教師に求める要素に「一貫性」があります。私も一貫性は重要だと思っています。音読方法の変化は，あくまでスパイスです。音読方法に振り回されて，信念がブレないようにしなければいけません。

音読 Can-Do-List の例

音読チェックリスト

	教科書のページ	方法	チェック
1	Lesson 1 P.2	20秒で Read and Look up ができる	
2	Lesson 2 P.8	35秒で2人称読みができる	
3	Lesson 2 P.10	35秒で3人称読みができる	
4	Lesson 3 P.15	20秒でキーワード音読ができる	
5	Lesson 3 P.16	30秒で Picture Script 音読ができる	
6	Lesson 4 P.20	20秒で暗唱できる	

※すべての制限時間は，±5秒の誤差まで OK

　これはあくまでもサンプルですが，実際にもこのような形で私は作っています。右端に「チェック」の欄を作っています。これは，「自分」でチェックするもよし，「ペア」にチェックしてもらうもよし，先生にチェックしてもらうもよし，です。

　先生がチェックする場合は，この音読が成績に入ることも生徒には事前に告げておきます。そうすると，ある種の音読テストのようになります。授業外などにも多くの生徒が行列でテストを受けに来ることが想像できるので，先生がチェックする場合は，生徒が混乱したり，行列になり騒がしくなったりしてしまわないようしっかりとしたシステムが必要になってきます。

Chapter 2

音読指導を成功に導く8の原則!

 ## 原則1 活動には名前をつけよ！

説明する時間を省略する

　新しい音読方法を学んでいくと，いろいろと試してみたくなるものです。新しい音読方法を試みるには，当然ですが生徒に活動の方法を説明することになります。しかし，この指示によって授業時間を奪われていることに，多くの教師は気づいていないような気がします。例えば，本書でも紹介させていただいている音読の中の「ダウト音読」などは，方法を聞かなければわかりません。そのため，生徒に説明するのですが，私の場合でも5分弱ぐらいはかかってしまいます。この時間は初回には必要ですが，2回目以降は無駄です。

　そこで「活動に名前を必ずつけておくこと」が効果的です。そうすると，それが「キーワード」になり，2回目以降の活動で説明する必要がなくなります。1回目の紹介の時に，黒板に文字で活動名を書いてあげると，より印象に残るようで，これで何度も説明するという時間の無駄を削除することができるようになります。

生徒にインパクトを与える

　「よし，今から Highway Reading をやるぞ！」と言えば，生徒は「なになに！？」と興味をもってくれることでしょう。名前にはそういう不思議な力があります。ユニークな名前をつけることで，生徒の興味関心を惹きつけることができます。ポイントは次の2つです。

①ある程度，活動の内容が予測できること
②生徒にインパクト（名前が1回で覚えられる）を与えられること

私が本書で紹介させていただいている音読はシンプルな活動名が多いですが，ユニークなネーミングに変更していただければと思います。

　時には，生徒と一緒に名前を考えることもいいと思います。私は昔「指名されて，正しく音読できなければ立つ。座りたければ手を挙げて，正しく音読できれば座る」という活動をしていました（本書では『パーフェクト音読』として紹介させていただいています）。生徒にもいい緊張感の生まれる音読だったのですが，ネーミングに困っていました。そこで各クラスの英語係を集めて，名前をつけてもらうことにしました。生徒はニコニコ笑顔で「SOS！」という名前をつけてきました。"Stand up Or Sit down."の略だそうです。「なるほど〜！」と納得しました。ネーミングセンスは生徒の方があったようです。

> パーフェクト音読をします

> あ！　あれだ！

✓ 要点チェック！

　音読に名前をつけることで，活動の説明時間を短縮することができます。また，「どういう音読だったっけ？」とならないように，わかりやすくてインパクトのあるネーミングにする必要があります。人気のある活動などは，その名前がキーワード化していき，クラスをつなぐ合言葉のようになったりします。

原則2 目的を共通理解せよ！

マーママーマー事件

　私は昔，中国語の先生を志望している学生さんの模擬授業を受けさせてもらったことがありました。私は中国語が全く話せませんが，興味はあったので大変楽しみにしていました。授業の冒頭，先生（学生さん）は，「では，私のあとに繰り返してください。『マーママーマー』どうぞ。」とおっしゃったので，私たち生徒役は「マーママーマー」と繰り返しました。複数回繰り返したところで私は意味が気になったので，「先生，これはどういう意味なのですか？」と尋ねました。するとその先生は，「これは『お母さんが馬を叱る』という意味です」と答えました。私は唖然としてしまい，「どこで使うねん！」と心の中で突っ込みを入れてしまいました。

　あとで聞いてわかったことですが，中国語には声調（四声）と呼ばれる，英語でいうイントネーションのようなものがあり，同じ音でもイントネーションによって意味が変わるのだそうです。先の「マーママーマー」には「マ」の音が4つ入っており，それぞれに違った声調が含まれているため，中国語の練習でよく使われる表現のようです。しかし，練習時にそのことを私たちは知らなかったので混乱しました。教師の目的が生徒と共通理解できていないと，教師が狙ったように生徒は育ちません。事実，マーママーマーの時に私は全く違うことを考えながら練習していました。

　笑い話のように思えるかもしれませんが，音読でも意外と起こりうる落とし穴です。特に音読のレパートリーが増えると，それぞれの音読の特徴を理解しておき，「○○のために，こういう音読をするよ」と生徒と目的の共通理解をしておくように努力する必要があります。「何のために？」ということがはっきりしていると，生徒の音読への取り組み方も変わってきます。

自律的学習者を育てるために

　また,「音読そのものが,英語学習に効果的なんだ」ということも生徒に伝えておく必要があります。私の場合,「英語科通信」という形で音読の効果などを紹介していました。音読が効果的だということを証明している本や,音読で英語力を高めた人の実例などを紹介します。このように紹介するだけでは授業に大きな変化は生まれませんが,英語に高い興味関心をもっている生徒は,自ら進んで音読をするようになります。やがて,授業を受けていく中で音読の力を感じた生徒たちも,音読を家庭でもするようになっていきます。このようにして自律的学習者は育っていくのだと私は思っています。

✓ 要点チェック!

　「何のために音読するのか?」ということを教師が明確にし,それを生徒と擦り合わせておく必要があります。教師が音読を重要であると思っていたとしても,それが生徒に伝わっていないのであれば,あまり意味がありません。音読の意味や効果をしっかりと生徒に伝えましょう。

Chapter2　音読指導を成功に導く8の原則!

原則3 モデル＝ゴールを聞かせよ！

理想は教師の模範音読

　音読指導で最初にしなければいけないことは，「これがゴールだよ」という手本を示すことです。こういう発音，リズム，イントネーションで音読するんだよということを生徒に示してあげることが最初のステップです。手本を示さない状態で音読をさせても，生徒は好き勝手な発音で音読するだけで，それをあとから修正するのは一苦労です。まずは，「こうするんだよ」ということを示してあげると，生徒はそれを目標にして音読に励むようになります。

　理想的なのは，**教師の模範音読を聞かせること**です。CDを聞かせることも効果的なのですが，モデルとしての模範の場合は生身の人間の方が，生徒を惹きつけやすいと思います。ティーム・ティーチングなどであれば，ネイティブに読んでもらうのも効果的ですが，いずれにせよCDよりも人間の方が効果的だと思うのは，感情を込めて読むことができるからです。特にアクセントやイントネーションなどは，極端（不自然）なぐらいに込めることも教師ならば可能なのです。生徒がつまずきやすいポイント（トラブルスポット）を事前に見つけておき，そこを重点的に指導することも可能になります。ですから，**教師が模範音読をできるように練習**しておくことはとても大切だと思います。

２種類のモデル

　モデル（ゴール）には２種類あると思っています。１つ目は音声面です。生徒に「こんな発音で音読したいなぁ」とか「こんな風に音読するのか」と思わせられるような音読を教師が見せることです。私の場合は，生徒に黙って聞かせることもありますが，ほとんどの場合は「リピート音読」をします。「先生の真似をするんだよ。繰り返してね」と言い，教科書を１文ずつ音読

して，生徒に繰り返させる方法です。「発音はこうするんだよ」という指導よりも「先生の真似をして」と言う方が，生徒にモデル（ゴール）を意識させることに効果的だと感じるので，音読指導の最初の方ではこのような指導をするようにしています。

　２つ目のモデル（ゴール）は，活動としてのモデルです。例えば，その単元である文章を暗唱させることをゴールとして設定したならば，次のように教師が見本を見せます。「このページの英文はぜひみんなに覚えてもらいたいと思っています。こんな風に言えるようになりましょう。見ててね。」と言いながら，教師が生徒に覚えてもらいたい文章を暗唱します。そうすると，大抵の場合は生徒から拍手が起きます。生徒たちは「そんなん無理やろ〜」などと言いながらも，一生懸命に取り組んでくれることでしょう。

　この２つ目のモデルは，音読に限ったことではないかもしれません。いろんな活動で必要なことだと思います。しかし，１つ目の音声面のモデルを示すということは，音読ではとても重要なことです。音読活動とは突き詰めれば「英文を何度も繰り返して読み上げる」という作業です。ですが，それが間違った音声のまま繰り返すことになってしまっては，せっかくの生徒の努力が無意味になります。それどころか悪影響さえ与えてしまいます。**正しいモデルを聞かせて，「これを真似しよう」と生徒に思わせること**が，音読指導の最初のステップです。

✓ 要点チェック！

　音読指導の最初のステップは，モデル（ゴール）を示すことです。「こんな風に言えるようになりましょう」と言って教師が手本を見せることは，教師と生徒の信頼関係を構築する上でとても重要になります。生徒にも努力するべき方向性がはっきりと示されるので，最も大切なポイントと言えるかもしれません。

原則4　音読前に内容を理解させよ！

音読指導の原則

　意味のわからない英文の音読を何度も繰り返しても，英語力は伸びません。それは，意味がわからないからです。私は昔，スペインの友人に「このスペイン語を読んでごらん」と小説のようなペーパーブックを渡されました。その友人は私を茶化すつもりでした。私は「適当に読んでやろう」と思い，ローマ字読みで適当にそれっぽく読み上げました。適当なので爆笑するだろうなぁと思っていると，その友人は「君はスペイン語を話せるのかい？」と真剣な顔で聞いてきました。後で知ったことですが，スペイン語の発音はローマ字の読み方とすごく似ているそうです。

　スペイン語はほとんどがローマ字読みだというのであれば，私はスペイン語を音読することができます。しかし，何十回と音読してもスペイン語が上達するようには私には思えません。意味がわかっていないからです。音読をして**脳が活性化するのは，意味と文字と音がつながった時**です。意味のわからない文字をいくら音読しても，脳が活性化しているようには思えませんし，お経を読んでいるような気分になってしまいます。ですから，意味内容のわかった英文を音読させることはとっても重要なことなのです。

「原則」は絶対ではない！？

　しかし，これはあくまでも原則です。もしも教師に何らかの意図があれば，意味内容のわからないものを音読させることも効果があると思います。本書で紹介させていただいている「穴なし穴埋め音読〈意味思考型〉」などは，意味内容を理解する前に行う音読としても効果的です。ですが，それには当然ねらいがあります。音読をしながら意味を理解するトレーニングは，直読直解力を高めるために役立ちます。こういう特別なねらいがある場合は，意

味内容を理解させる前に音読させることにも意味があると思います。しかし，**意味を理解することと音読することは心理学的には別のプロセスの活動**です。これを同時に行うことは非常に負荷が高く，英語学習初級者である中学生や高校生には，英文のレベルを調整（やさしい英文にする）してあげないと，難しすぎる活動になりがちです。やはり原則としては，意味内容を把握してから音読をさせる必要があると思います。

「和訳先渡し」という方法が有名になりましたが，この方法は教科書の解説の時間を削減して，少しでも音読の時間などに使おうという趣旨のものです。私も高校生を担当していた時は，全単元ではありませんが和訳先渡しを行っていました。その方が，音読の時間や別の活動の時間を確保できたからです。中学校の段階では，「サイトトランスレーション」の音読を活用しながら，意味内容と音読を同時に行うこともよくあります。解説に時間を使いすぎるよりも，効果的に時間を使えるような気がするからです。

✓ 要点チェック！

音読をさせる前に，今から音読する意味内容を生徒が理解できている状態にしておきましょう。そうすることで，意味と文字と音が結びつくようになっていきます。しかし，この原則は絶対的なものではありません。音読しながら意味内容を理解するトレーニングは直読直解の力をつけるのに効果的です。

原則5 「空読み」を防げ！

「空読み」とは？

　本書のChapter 3には，音読の様々な方法をご紹介させていただいています。しかし，「そもそも音読にはそんなに工夫が必要なの？」ということを考える必要があるようにも思います。なぜ様々な方法や工夫が必要なのでしょうか？　しっかりと育った生徒であれば，「音読をしなさい」という指示だけで音読を行ってくれます。それでは不十分なのでしょうか？

　実は，音読の世界には「空読み」と呼ばれる言葉が存在します。簡単に言うと，「音読していても，何も考えていない状態」ということです。音読をすれば力が伸びるということは事実だと思います。しかし，それは**空読みではない状態での音読であった場合**だと私は考えています。何も考えないで，ただひたすらに音読を繰り返していても，あまり意味はありません。ですから，音読で学習効果を引き出すためには，空読みを防がなければいけません。ところが，ただのバズリーディングや群読など，あまり頭を使わない音読ばかりを生徒にやらせていると，生徒は空読みをするようになってしまいます。「またこの音読かぁ」という気持ちが集中力を削り落とし，集中力がなくなってくると，空読みが生まれてきてしまうのです。

「空読み」の問題点と対策

　空読みの最大の問題点は，見た目で判断できないということです。見た目には一生懸命に音読しているようでも，実は空読みをしているということはよくあります。教師がじっくり観察していても，空読みかどうかの判断はほとんど出来ません。また，バズリーディングや群読などの音読方法は，頭を使わなくても（ボーッとしていても）出来るので，空読みを引き出しやすい音読だと言えます。

私は，この空読みを防ぐことを常に考えてきました。そして行き着いたのが，この本でご紹介させていただいている様々な方法です。ポイントは「ボーッとしていたら出来ない」ということです。
　「空読みを防ぐ」そのために教師は，様々な音読方法を知っておくべきとも言えます。そしてその極意は，

適切な負荷をかける

ということです。ただ単に英文を音声化するという作業だけでなく，意味を考えないと出来ない，文法構造を考えないと出来ない，などの適切な負荷をかけることが大事です。この負荷の量の調整は非常に難しいのですが，生徒にとって軽すぎず重すぎずのちょうどいい負荷を見つけなければいけません。適切な負荷をかけることによって，生徒の空読みを防ぐことが出来るようになります。そのことを意識すると，音読は一気に加速します。私はChapter 1で「『華やかさ』は本質ではない」ということを書きました。しかし，音読をしている**生徒の頭の中は「華やか」な状態**にしたいものです。

✓ 要点チェック！

　淡々と音読をしていると，生徒は空読みをしてしまいます。空読みを防ぐためには，音読に適切な負荷をかけていくことが必要になってきます。どれぐらいが適切かということの判断は難しいですが，音読に少し工夫を入れることで負荷をかけることができます。

原則6 スピードを指定せよ！

音読のスピード

　音読が授業の中で定着してくると，生徒は音読に慣れてきます。生徒が音読に慣れることは望ましいことなのですが，早口であったり，イントネーションが乱れるような遅さ（Listenerが聞き取りにくいと感じるスピード）で読むような生徒が生まれてきます。また，生徒に音読が定着してくれば，自学（家庭学習）で音読をする生徒も現れてくるでしょう。授業であれば，教師が「早口すぎるね」とか「もう少しスピードを上げてみよう」などとアドバイスをすることもできるのですが，家庭学習になると指導することができません。しかし，スピードに関しては，指定してあげることで家庭学習でもしっかりとトレーニングできるようになります。

理想的なスピードとは？

　理想的な音読のスピードとはどれぐらいなのでしょうか。私はある先生から「100～120WPMが理想的な音読スピードだよ」と教えてもらったことがありました。WPMとは，Word Per Minuteの頭文字を取ったもので，**1分間にどれぐらいの英単語数を読むことができるか**，という単位のことです。つまり100WPMとは，1分間に100単語ぐらいを読むスピードだということです。私は実際に100～120WPMのスピードで音読をしてみたのですが，確かにちょうどいいスピードだなぁと感じました。

具体的方法

　しかし，これを教育現場に持ち込むことは，私には少々面倒なことでした。いちいち教科書の語数をカウントして，それを計算して……などとすることは，忙しい教師の毎日の仕事をより多忙にするだけだと感じたのです。そこで私は，「CD（教科書付属の音声）のスピード」を目安とすることにしま

した。これだとパソコンでだいたいのスピードを瞬時に確認できますし，何より生徒がCDを使って音読する「理由」になります。つまり，**CDの音声と同時に読んでいけば，理想のスピードになる**のです。

時間を指定する

　本文の長さにもよりますが，私は生徒に「**教科書のCDのスピード±5秒**」という課題を設定しています。例えば，CDの音読が35秒だとしたら「30～40秒で音読するようにしましょう」と指定するようにしています。本文の長さによっては±10秒とすることもあります。その時間の幅に深い意味はありませんが生徒にとって，あまり早すぎず，あまり遅すぎずのスピードになるように時間を設定しているつもりです。このように教科書の音読の時間を記した一覧表を年度当初に配布しておくと，生徒はストップウォッチを片手に自分で音読するようになります。

✓ 要点チェック！

　英語のスピードについて，意外と教師は指導をしていません。日本語が早口の生徒は英語も早口になりがちですが，思考がついていかない場合もあります。話すスピードを意識するということは，相手（聞き手）のことを考えてあげるということです。なぜスピードを意識しなければいけないのかを，しっかりと生徒に説明するということも重要なことです。

原則7 音読が苦手な子に適切な処方箋を！

音読は英語学習の「型」

　私は，音読は英語学習の基礎基本だと思っています。音読ができないということは，英語学習の基礎基本が出来ていないということを意味すると思っています。武道の「型」のように，まずは音読をしっかりと確実にできるように育てることが，英語学習の「型」を育てることにつながるはずです。

具体的アドバイスこそ重要

　教室には，音読を苦手とする生徒がいます。原因やパターンは様々ですが，音読を発表させたりすると，思った以上にできていない生徒（音読を苦手とする生徒）が多いことに驚きます。もしも，文法問題ができない生徒がいれば，教師はきっと補習をすることでしょう。しかし，音読ができない生徒がいても，「音読の補習」をする教師はあまりいないように思います。音読の補習が本当に必要かどうかは置いておいても，音読ができない（苦手としている）生徒を放っておいては，生徒のもっている可能性がつぶれてしまいます。しっかりと適切なアドバイスを与えることが重要です。

　とはいえ，教室に教師は（基本的には）1人ですし，時間も有限です。丁寧に指導したくてもできないと嘆いておられる先生も多いのではないでしょうか。また，「どのように指導すればいいのかわからない……」とおっしゃる先生もおられるかもしれません。そこで，私は音読を苦手としている生徒の特徴を3つのグループに分けました。そして，これらの3つの苦手に対する処方箋を次のページから書きました。この3つがすべての苦手のパターンを網羅しているわけではありませんが，みなさんの生徒へのアドバイスの参考になれば幸いです。

処方箋①

> 音読でつまってしまう生徒がいます……。

> 指追い音読で，丁寧に読む習慣をつけさせましょう！

　音読でつまってしまう主な原因は，自分が目で文章を追うスピードと口が一致していないからです。目が速すぎたり，口が速すぎたりします。ちょうど，運動会なのでとしばらく運動していないお父さんが久し振りに走ってつまずいてしまうのと同じ感覚です。気持ちと体が一致していないのです。

　指追い音読とは，音読している文字を指で追いながら行う音読です。そして「読んでいる単語を指で追いかけてごらん」と指示します。指が先ではなく，指で追いかけるのがポイントです。実際に指追い音読をすると，つまってしまうことが圧倒的に減ります。目のスピードと口のスピードがそろうだけで，生徒は（ほとんどの場合）つまらずに音読できるようになります。また，つまってしまったとしても，それは単語の読み方がわからないことがほとんどの原因ですので，読み方の指導をすれば読めるようになります。

　「それでもつまってしまう……」という生徒がいたら，リピート音読で発音とスピードを一緒に確認するようにしてみましょう。リピート音読は，すべての音読活動の基礎になります。**困ったらリピート音読に戻る**，という基本も大切にしたいです。

Chapter2　音読指導を成功に導く8の原則！

処方箋②

早口で読んでしまう生徒がいます……。

Timed Reading でスピードを矯正させましょう！

　音読発表をさせると，早口になる生徒がよくいます。もともとせっかちな性格である，英語に慣れてきたため，緊張からの焦り……理由は様々です。早口とはクセに近いものです。ネイティブの方でも早口の方はおられますから，そこまでこだわる必要はないのかもしれませんが，私は「速さよりも，正確さ」を重視しています。

　多少早口であっても，音読が正確に出来ているのであれば特に問題はありませんが，中学生や高校生の場合の早口は，緊張からの焦りというパターンがほとんどだと思います。その場合の処方箋は「Timed Reading〈時間指定音読〉」です。早口で英語を音読している生徒がいると，「もうちょっとゆっくり」と教師は言ってしまいがちですが，その「もうちょっと」がわからない生徒もいます。また，先生の目が離れるとすぐに早口に戻ってしまうようでは意味がありません。ですから，時間指定をするのが最も効果的のように思えます。

　すると，クラスの数人は必ず最後の単語をわざとゆっくり読んで時間を調整しようとするので，「スピードは一定にするようにしましょう」と事前に釘を打っておきましょう。

処方箋③

> ぼそぼそと聞こえないような声で読む生徒がいます……。

> 事前練習で自信をもたせましょう！
> 決して妥協してはいけません！

　ぼそぼそ声で音読するのは，単純に音読に自信がないからです。「もしかしたら，読み方を間違っているかもしれない……」という不安が，声を小さくしているのです。事前に自信が出るまで音読練習をさせれば，ぼそぼそ声で音読しなくなります。また，「ここで大きな声で音読すると，誰かに何かを言われるのではないか……」というような，周りの目を気にしてのぼそぼそ声は，授業の中での処方箋というよりも，クラスマネジメントの力が必要になってきます。本書で説明すべきことではないので多くは書きませんが，そういうクラスの雰囲気の時は「いじめの芽」がある場合があります。すぐに担任の先生や学年の先生方と相談して，連携して対処していく必要があると思います。

　そして，もう１つ大切なことは，「ぼそぼそ声は許さない！」という断固たる姿勢を教師が示すことです。自信がないから小声になるのですが，言い換えると「自信がなかったら小声でもいい」という甘えが生徒の中にあったとしたら，それを許してはいけません。「しっかり読みましょう」と何度でもやり直しをさせる気概をもち，**「自信があるから大きい声になるのではなく，大きい声を出すから自信が出るのだ」**と伝えます。生徒にそれは伝わります。

原則8 音読を「見える化」せよ！

達成感をもたせる工夫

　生徒に達成感をもたせることや小さな成功体験を積み重ねさせることはとても重要です。達成感は自分の自信につながりますし，努力することの大切さを教えてくれます。音読ではどうでしょうか？　ただ普通に音読しているだけでは，生徒はおそらく達成感を感じることはないでしょう。音読は単調な活動だからです。ただひたすらに音読を繰り返していても，モチベーションはどんどん低下していく一方です。しかし，ある方法を使うことにより，生徒のモチベーションを向上させることが可能になります。

「見える化」

　その方法とは「見える化」です。可視化するということです。音読は，その文字の通り，「音」で「読む」わけです。音は自然に消えていくものですから，音読のあとには何も残りません。これが音読の厄介なところで，「音読をした証」が残らないのです。音読をした証が残らないので達成感が生まれません。ですから，音読を可視化するために，私は教科書の空いているスペースに「正」の字で音読回数をカウントしていくように指示しています。☆を書いていくのでも，ステッカーを貼っていくのでもいいのですが，とにかく「追加して書ける仕組み」にしていくことがポイントです。私が「正」の字のカウントの手法を選んでいる理由は，次の2つからです。

> ①音読した回数を瞬時に把握できる
> ②「キリ」のいい所までやりたがる

　カウントの方法は，授業中に行ったもの＋家庭学習で行ったもの，としています。音読の回数を記録していくことは，生徒の音読モチベーションをす

ごく上げてくれます。また，自分の中で目標を決めている生徒も多く，目標を達成した時に達成感を感じてくれるようです。それほど難しい作業ではありません。私は自分が一番楽な方法（生徒に記入させる）を選んでいますが，もっと工夫をすればもっと生徒のモチベーションを上げる方法があるかもしれません。とにかく「見える化」するということが大事だということです。

　時々，サプライズで「**班対抗音読回数対決！**」などを入れても面白いと思います。音読の回数の合計を競わせたりします。そんなサプライズを生徒は喜び（？）ます。このような活動を入れることで，「回数をカウントしていること」をしっかりとチェックしているよというサインになりますし，競争を意識して音読をがんばる生徒も出てくるでしょう。普段は目立たないけど真面目な生徒などはこういう場面で光り輝き，他の生徒からも一目置かれるようになっていきます。逆に言うと，そういう生徒をしっかりと見つけておき，脚光を浴びるような活動を仕組んであげると，学級づくりにおいても効果的です。

✔ 要点チェック！

　音読の回数を記録するようにしましょう。教科書の空いているスペースに正の字などで自分たちでカウントさせるようにします。見えないものを見えるようにする「見える化」で生徒のやる気はアップします。

Chapter 3

目的別で効果抜群！
音読指導アイデア30

なぜ音読を分類するのか？

　私が本書で最もお伝えしたいことが「音読の分類」です。このことを意識しないで音読活動をしておられる先生方がとても多いような気がします。音読活動の重要性が先行するあまり，中身よりも外見が重要視されるようになってしまいました。音読は英語力を伸ばす活動です。しかし，音読の方法によって伸びる力は変わってきます。そこで，私は自分のもっている音読方法を5つに分類しました。

音声チェック型
　音読には「生徒が正しく発音できているか？」という確認の機能があります。音声面のチェックのために行う活動を「音声チェック型」と名づけています。音声チェック型の究極の方法は，1人ずつチェックしていくことです。しかし，1クラス30人以上いる授業においては，あまり効率的ではありません。ですから，様々な工夫が必要になります。多くの音読指導の初期段階に来る活動であり，私が音読指導において最も大切だと考えるカテゴリーです。

意味思考型
　英文の意味を考えながら，あるいは理解しながら音読する活動を「意味思考型」と名づけています。音読をしながら意味を把握することは非常に負荷の高い活動ですが，トレーニングすることにより少しずつ可能になります。根気強い指導が必要になりますが，生徒の長文読解力やリスニング力を高めてくれるカテゴリーです。

英文暗唱型
　中学校の検定教科書の英文量はそれほど多くはありません。少くともキーセンテンス，できれば本文も暗唱してほしいと考えている教師は多いのでは

ないでしょうか。生徒にどれだけの英文を暗唱させられるかは，英語教師の腕の見せ所です。そして，暗唱させることを目的としている音読活動を「英文暗唱型」と私は名づけています。Read and Look up などは最も有名な音読活動だと思いますが，このカテゴリーに分類されます。

文法確認型

　音読のような単調な活動を知的に盛り上げることは，中学生後半や高校生にはとっても効果的です。頭を使った音読は，生徒の集中力を引き出してくれます。そういった文法要素の知的負荷がある活動を「文法確認型」と名づけています。負荷は高く，時間も多く必要としますが，生徒は脳をフル回転させるので，終わったあとに「あぁ，疲れた～」と感想を述べたりします。

空気温め型

　教室を盛り上げる音読活動のカテゴリーを「空気温め型」と名づけています。はっきり言って，このカテゴリーに分類される音読活動は，英語力を伸ばすことにそれほど貢献はしません。無意味と思えるものも多いです。しかし，時々こういう活動を入れることで教室の中に生まれてくる空気が確実にあります。そういった空気はとっても大事だと私は考えています。また，「空気温め型」の音読ばかりをしていても英語力は伸びません。逆説的ですが，そういう自戒の意味でもこのカテゴリーをつくりました。

　これらの分類が正確かどうかはわかりません。中には2つのカテゴリーにまたがっている音読活動もあります。しかし，大切なことは自らが実践されている音読活動を分析する際，あるカテゴリーだけに集中していないかということを考える必要があるということです。5つの分類をバランスよく，あるいは集中的に活用していくという意識が教師には必要です。

音声チェック型 ① リピート音読

活動時間 5分
活動形態 クラス全体

　この音読の目的は「生徒に発音を教えること」と「発音を確認すること」です。発音ができなければ，すべての音読活動はできないので，その意味で一番根幹の音読方法だと言えます。

活動方法

1	教師が本文を読み上げます。
2	生徒は本文を見ながら，教師の発音を繰り返します。
3	発音が難しいだろうと予想されるところは，丁寧に読み上げます。
4	生徒はできるだけ教師のモノマネをするようにします。

活動のポイント

ポイント1　教師が教科書を見ずに、生徒の口元を見ることです。特に生徒がリピートしている時に教師が生徒の口や表情を見ずに、次に読み上げる文を読んでいることがあります。しかし、この音読の最大のポイントは「発音を確認すること」ですから、その確認作業を怠ってはいけません。

ポイント2　トラブルスポット（生徒が間違えやすい場所）を予想して丁寧に指導することです。「ここは間違えやすいから注意してね」などの言葉を添えながら、確認してあげることが大事です。とにかく教えっぱなしではなく、確認することが大切です。

ポイント3　リピートする文章が長すぎないようにしなければいけません。短すぎてもダメですが、1文が長い場合はセンスグループで切ってあげることも大事です。

活動例

先生：Hello, everyone.
生徒：Hello, everyone.
先生：I would like to talk.
生徒：I would like to talk.
先生：次は「アボウト」って読まないようにね。「about」（アバウト）だよ。いいかな？　about my dream.
生徒：about my dream.
先生：何人か「アボウト」って読んだね。違うよ。about my dream.
生徒：about my dream.

音声チェック型 ② バズリーディング

活動時間 2〜3分
活動形態 クラス全体

　バズリーディングとは，クラス全体に口々に音読させる方法です。リピート音読とは違い，全体で合わせることをしません。通常，リピート音読の後に行います。教師は机間巡視で発音チェックをするのですが，ある程度（8割ぐらい）の生徒が自力で発音できる状況でないと間違ったまま練習することになるので注意が必要です。

活動方法

1　教師は回数の指示，あるいは時間の指示をします。

　3回読みます

2　生徒は指示された回数（時間）のなか，自分のペースで音読します。

3　教師は机間巡視を行い，生徒の発音を確認します。

4　共通するミスがあった場合は，全体を止めて指導します。

活動のポイント

ポイント1 この音読には「自分はしっかりと音読できるか」というセルフチェックの意味合いがあります。そのこと（活動の意味）をしっかりと生徒に伝えておきます。

ポイント2 発音がわからなかった時，手を挙げるように指示しておきます。手が挙がれば教師が指導します。あちこちで手が挙がると収集がつかなくなる可能性があるので，事前の指導をしっかりとしておくことが重要です。

ポイント3 回数か時間を指示することが大切ですが，できれば「1分間で何回も読みましょう」のように指示する方がよいと思います。回数だと終わった時に時間差が生まれるからです。

発音をどこまで求めるか？

「日本人発音でも十分だ！」という意見を聞いたことがあります。本当にそうなのでしょうか？　確かに，日本人発音でも十分に通じます。しかし，あまりにカタカナ英語ではどうでしょうか。要は程度の問題です。私の場合，生徒には5つの子音（r / l / f / v / th）までは最低限として求めます。

発音指導をするべきかどうかは，生徒に聞けばわかることです。「できるようになりたい？」と聞けば，必ず「Yes」と答えます。それが学習意欲というものです。「No」と答える生徒がいたとすれば，学習意欲が少ないのです。

発音指導は本当に楽しいです。何よりも生徒が一生懸命になってスピーキングをするようになります。アウトプットを生徒に求めた時，「中身」を重要視する先生がおられます。私も「中身」を重要視している教師の1人です。でも，同じぐらい（もしくはそれ以上に）「外見」も育ててあげるのが英語教師の本来の仕事だと私は考えています。

音声チェック型 ③
Individual Reading
〈ジャンケン挙手〉

活動時間 2〜3分
活動形態 クラス全体

　個別指名音読です。本当に正しく発音できているかどうかは，1人ひとり個別に確認していかない限り正確には把握できません。しかし，全員をチェックするのはなかなか難しいので，数名だけでもチェックしようという狙いです。そして，指名の方法に少し工夫を入れています。

活動方法

1 音読する自信のある人は「グー」，まだちょっと自信がない人は「チョキ」，全く自信のない人は「パー」で挙手するように伝えます。

2 生徒は「グー」「チョキ」「パー」を考え，挙手します。

3 全体の様子を確認し，生徒を指名します。

4 生徒は起立し，指定された箇所を音読します。終われば拍手します。

活動のポイント

ポイント1 個別指名ですので,「読んでくれる人」などの発問でボランティア的には指名しません。また,ジャンケン挙手で必ずしも「グー」(自信あり)の人を指名する必要もありません。時には「パー」(自信なし)の人も指名します。指名にはユーモアが必要です。

ポイント2 ジャンケン挙手により,生徒の状況(どれぐらい音読できるのか)をだいたい把握することができます。チョキやパーばかりであれば,まだ個別指名するには早いということがわかります。

ポイント3 毎回の音読で行う必要はありませんが,定期的には入れておくべき活動です。適度の緊張感が生まれ,生徒にはいい刺激になります。

手の挙げ方

　授業中に挙手を求められますか？　私は頻繁ではありませんが求めます。授業に限らず,何かの人数把握をしたい時など,学校教育の中で挙手は頻繁に求めると思います。

　私は生徒の「手の挙げ方」にこだわりがあります。だら〜っとした挙手を,私は許しません。そういう細かい厳しさが,授業規律をつくっていくうえでとても大切だと思っているからです。

　しかし,「しっかり手を挙げなさい！」の指導だけではモグラたたき状態です。私の場合,しっかりした挙手を全員に一度させてチェックします。挙手した腕を上から押さえつけるのです。しっかり伸びていれば腕は曲がりません。しかし,だら〜っと伸ばしていると簡単に曲がってしまいます。それを全員に体験させて,しっかりした挙手を体に体感させます。このように指導すると,挙手が質の高いものになっていきます。

Chapter3　目的別で効果抜群！音読指導アイデア30　**63**

音声チェック型 ④

ダウト音読
〈間違い発音を探せ！編〉

活動時間 5分
活動形態 クラス全体／ペア／グループ

　生徒の意識を「発音」に向けるための活動です。教師が音読を生徒にしている時，わざと間違えた発音を行うようにします。どこを間違えているのかわかった生徒は「ダウト！」と宣言し，正しい答え（発音）を言います。

活動方法

1 教師が本文を読み上げます。生徒は教科書を見ている状態です。

2 生徒は本文を見ながら，教師の間違い発音を聞き当てます。

3 わかった場合は，「ダウト！」と宣言し，正しい答えを言います。

4 練習を重ねた後，ペアやグループで活動を行わせます。

活動のポイント

ポイント1 発音のミスには2段階あり（1段階目：完全に読み方を間違えている。2段階目：子音などができていない），どちらのレベルのダウト（わざと間違える部分）を言わせるかは，指示しておく必要があります。

ポイント2 わかった瞬間に「ダウト！」を言わせると盛り上がるのですが，一部のよくできる生徒だけの活動になってしまう場合があります。その場合は「何回間違い発音があるか数えてごらん」と指示して，回数を記録させることも有効です。こうすれば，全員参加が可能な授業になります。

活動例

先生：今から先生がダウト音読をします。間違い発音がわかったら，その場で「ダウト！」って言ってね。では，いきます。
　　　I would like to テイク…
生徒：ダウト！
先生：正しいのは？
生徒：talk!
先生：Good Job!（このやり取りをしばらく続けたあと……）
　　　では，次は先生の間違い発音がいくつあったかを数えてみてください。「ダウト！」の宣言はなしです。では，いきます。
　　　I would like to talk アボウト my dream. My dream is to be a doctor in the future. I ウェント to help many people.
生徒：（間違い発音をカウントしていく）

Chapter3　目的別で効果抜群！音読指導アイデア30　65

音声チェック型 ⑤

パーフェクト音読

活動時間 10分
活動形態 クラス全体／ペア／グループ

「音声チェック型」と「空気温め型」のセットのような活動です。方法はシンプルで，「完璧に音読できるか」というだけです。「完璧に」と強調することで生徒の緊張感が高まり，クラスが盛り上がります。活動形態はどれでも対応できますが「グループ」がおススメです。

活動方法

1 生徒をいくつかのグループに分けます。

2 事前に練習時間を確保しておきます。

3 グループで1人1文ずつ順番に音読していきます。

4 パーフェクトに音読することができたら合格。できなかったら不合格です。

パーフェクト！

66

活動のポイント

ポイント1 「パーフェクト」の基準を生徒に示す必要があります。私の設定している基準は，①先生に聞こえる声，②正しい発音（子音レベルまで），③かまない，という3点です。特に，③の「かまない」は生徒にほどよい緊張感を与えるので大変盛り上がります。

ポイント2 ペアやクラスでの個別指名などで活用することもできます。クラス全体では，「勇気ある挑戦者は？」と聞くと，何人かが挑戦してくれます。失敗しても成功してもクラス全体は盛り上がります。

ポイント3 この音読の真のねらいは，「この活動のための練習」にあります。目的意識をもって音読してくれるようになるからです。パーフェクト音読を始める前にしっかりと練習時間を確保してあげましょう。

グループ活動から見えてくること

グループ活動をさせる時，机を班の形にすることがあります。この時に普段は見えていないことが見えてくることがあります。私は以下の2点に注目します。

①机をくっつけているか
②教師の指示を耳だけで聞いていないか

①は，「いじめ」の可能性を探るためです。小学生などに起こりがちなことですが，「いじめられている子」とは机をくっつけたがらないのです。机の距離が微妙に離されている場合は，そういったサインかもしれません。②は，話の聞き方の問題です。普段はしっかり話を聞いているようでも，班の形になると，急に聞いていない生徒が明らかになります。「へそ」が先生の方にしっかりと向いていたら合格です。

Chapter3　目的別で効果抜群！音読指導アイデア30　　**67**

音声チェック型 ⑥ 指追い音読

活動時間 10分
活動形態 クラス全体 個人

　その名の通り，指で文字を追いながら音読していく方法です。音読が苦手な生徒には欠かせない手法です。これにより，丁寧に音読する習慣が身につくようになります。

活動方法

1 教師が音読し，生徒はそれを指で追いかけていきます。

2 次に生徒は指で文字を追いかけながら，自分で音読していきます。

3 慣れてくると，少しずつ指を速くして音読のスピードをあげます。

4 いい加減に読まないように何度も繰り返し指導します。

活動のポイント

ポイント1 指追い音読には，「文字」と「音声」を一致させる効果があります。適当に読むことができなくなりますので，勉強を苦手としている生徒に効果的です。

ポイント2 ゆっくり→速く，で展開していきます。冠詞や前置詞などを読み落とさないようにしながら少しずつスピードをあげます。

ポイント3 指のスピードをあげると，どこかで口が追いつかなくなる時があります。そのペースが練習ポイントになります。指追い音読は，勉強が苦手な生徒のための音読と思われがちですが，工夫することで英語が得意な生徒にも効果的なものになります。

音読を精選する……？

　私は拙著『英語授業の心・技・愛』（研究社）の中で，「音読のバラエティにこだわらず精選する」という文章を書かせていただきました。一見すると，本書のコンセプトと矛盾するように感じるかもしれませんが，そうではありません。『心・技・愛』の中では紙面の関係で書ききることができませんでしたが，「精選する」ということが一番大事なポイントなのです。つまり，たくさんの音読方法を知り，その中で自分の教室にフィットするものを探すことが大切なのです。それぞれの音読方法には，それぞれの長所・短所があります。それら1つひとつを理解して，状況に応じて使用していくのがベストです。ですから，「あれこれと闇雲に新しい音読を投げ込むのはよくない」ということが伝えたかったメッセージなのです。音読関係では他にも「対極を体感させる」「音読における適切な声量とスピードを意識させる」などを『心・技・愛』には書かせていただきました。合わせてお読みいただけると幸いです。

Chapter3　目的別で効果抜群！音読指導アイデア30

音声チェック型 ⑦ Timed Reading

活動時間 10分
活動形態 個人 グループ

　日本語で言うならば、時間制限音読です。制限時間以内に指定された箇所を音読するのですが、速すぎず遅すぎずの適切なスピードで読むことを要求するために、「〇秒〜〇秒の間で」と指示します。目標時間の±5秒ぐらいが妥当だと思います。

活動方法

1 指定した英文を指定された時間内で読み終えるように指示します。

30秒で読みます

2 練習方法はCDなどのモデル音声と一緒に読みながら、スピードに慣れるようにしていきます。

3 ストップウォッチで時間を確認しながら各自テストします。

4 グループで行う場合は、1行ずつ交代して音読します。1人がストップウォッチで時間を計測しながら行います。

活動のポイント

ポイント1　そのまま行うだけでも効果的ですが，「穴なし穴埋め音読」（p.80, 106）などとセットにして行うと，負荷が高まります。

ポイント2　練習は「同時読み（Overlapping）」が効果的であることを伝え，モデル音声を準備しておきます。1人1台のタブレットなどがあれば，各自で練習できて便利です。音読の適切なスピードは体感で覚えていくのが近道です。

ポイント3　ストップウォッチをグループに1つ与え，自分たちでアドバイスをしながら練習するように指示すれば，グループ学習が始まります。自分たちで何度も繰り返し練習をするようになります。

ストップウォッチを購入しよう！

　私の授業ではストップウォッチをよく使います。私は生徒にストップウォッチを年度当初に購入してくるように指示していました。100円均一のお店で購入できるのでそれほど高価でもありませんし，もちろん家にあるものでもOKです。とにかく1人ひとつのストップウォッチがある状態をつくりました。そうすれば，1年間安定して活用することができます。

　キッチンタイマーも100円均一のお店で売っているのですが，ストップウォッチの方が生徒は盛り上がるような気がします。ストラップがついていれば，首からぶら下げて授業できるので便利です。

音声チェック型 ⑧
Shadowing
〈英語編〉

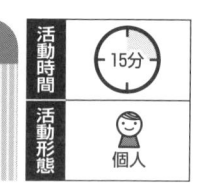

活動時間 15分
活動形態 個人

　シャドーイングとは，流れてくる音声をそのまま繰り返すトレーニングです。音が影のようについていくのでこのように呼ばれています。シャドーイングは，もともと通訳のトレーニングとして利用されていた方法ですが，現在は多くの中学校や高校でも行われるようになりました。有名な実践もたくさんありますが，ここでは私が実践しているものを紹介させていただきます。

活動方法

1. 最初は「同時読み（Overlapping）」を行います（CDか教師の音読）。

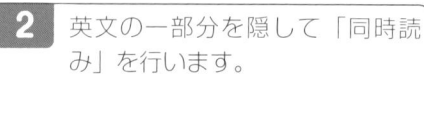

2. 英文の一部分を隠して「同時読み」を行います。

3. 英文のほとんどを隠して「同時読み」を行います。

4. 英文を何も見ずにシャドーイングを行います。

活動のポイント

ポイント1 シャドーイングをそのままさせるだけだと,教師はやりっぱなしになったり,生徒は不完全燃焼で終わってしまうことがあります。スモールステップをつくり,達成感をもたせるように仕組みましょう。

ポイント2 モデルの音声はCD(パソコンからの音声でも可)がいいと思います。教師の音読だと,音読することに集中してしまいチェックが甘くなってしまうからです。シャドーイングは「やっているフリ」を生徒がしやすい活動です。そういうサボりを見逃さないためにも,教師はしっかりと観察しなければいけません。

正確さ vs 流暢さ？

「何をもって『正確(流暢)とするか』」という議論はさておいて,ポイントは「正確さ」と「流暢さ」のどちらの方が先に指導すべきことか,ということです。

「正確さ」と「流暢さ」というのは,反比例の関係にあります。話す場面において正確さを重視すれば,流暢さは下がります。逆に,流暢に話すことを意識させると,(発音や文法などの面で)正確な英語を話すことが難しくなります。これを「トレードオフの関係」と言ったりします。

もちろん,長期的には両方の力を育てていく必要があるのですが,私は「正確さ」に優先順位を置いています。まずは正確に話せるようになってから,少しずつスピードをあげてみよう,というイメージです。シャドーイングというトレーニング方法は,流暢さを高めることに貢献しますが,正確さを下げることにもなりかねません。活用する場合は,そのあたりの関係性をしっかりと考える必要があります。

Chapter3 目的別で効果抜群！音読指導アイデア30　73

意味思考型 ① ダウト音読 〈単語・文章編〉

活動時間 15分
活動形態 クラス全体 ペア

　ダウト音読の単語・文章編です。英文中のある単語を，意味の通らない単語に置き換えて音読をします。意味を考えながら聞くようにしていると，気づくように仕組みます。それをペアの人が理解できるかを試す活動です。単語だけではなく，意味の通じない文章などを追加して行えば，長文読解の指導にもつながります。

活動方法

1 本文中の単語のいくつか（教師が数を指定）を，意味の通じない単語に置き換えます。

2 その際，「動詞を変えるなら他の動詞にする」というように品詞は変えないように注意しておきます。

『動詞』で統一しよう

3 ペアを組み，どちらか一方が読みあげます。

4 聞いている側は置き換えられた単語がわかった時に「ダウト！」と宣言します。

あ！　ダウト！

活動のポイント

ポイント1 単語を置き換える作業をする時,生徒は英文の意味を考え始めます。ですから,既習のページでも効果的ですが,初見の英文でこの作業を行ってもよいと思います。

ポイント2 この活動はリスニング力の向上にも効果があります。最初はペアで同じ英文を使って行いますが,生徒が慣れてきたらペアに違う英文を渡すようにします。すると,聞いている側は初めて聞く英文ですから,集中して意味を考えないとダウトは見つけられません。負荷が一気に高くなります。

ポイント3 一度聞いたあとで教科書(読まれた文章)を開いて目で確認させるのも効果的です。意味を考えながら読むので,読みの指導にもつながります。

文章例

もとの英文(オリジナル)

I want to talk about my dream. My dream is to be an English teacher in the future. It is very important for me to study English.

ダウト音読(意味思考型)

I want to LISTEN TO my dream. My dream is to SEE an English teacher in the future. It is very important for me to DRINK English.

意味思考型 ②

サイトトランスレーション

活動時間 10分
活動形態 個人 ペア

　有名な音読実践の1つです。インターネットなどで検索すると，山のように実践が紹介されています。それはこの音読がいかに効果的かということを物語っています。ここでは，私の方法をご紹介させていただきます。

活動方法

1 ワークシートを半分に折ります。

2 英語の方を見て，Read and Look up をさせます。

3 次は日本語の方を見て，英語の音読をします。

4 ペアで「日→英」の確認練習をします。

活動のポイント

ポイント1　ワークシートは「左側に日本語，右側に英語」という順で作成します。日本人の目は横書きの文字を読むとき，左から右に流れるからです。最後に目に残るのが英語になるようにするためです。

ポイント2　初期段階では，「英→日」の練習をさせることもありますが，基本的にはアウトプットは英語であるようにします。

ポイント3　日本語の意味を見て英語にするとき，生徒が同じ意味の違う英語で表現してくる時があります。この場合，「すばらしいね！」と告げたあとに「でも，ワークシートの英語では何て書いてあった？」と，ワークシートと同じ英語で表現することを要求するようにします。そうしないとペアでの活動時に混乱が起きるからです。

ワークシート例

僕はアメリカに行った	I went to America
初めて	for the first time
16歳のときに	when I was sixteen.
今日	Nowadays
多くの若者が海外に出かけている	many young people go abroad;
状況はかなり変わった	things have changed a lot
僕が少年だったころからは	since I was a boy.
僕にとって	To me,
アメリカは未知の遠い国だった	America was a strange, far-away land.
けれども	However,
僕には夢があった	I had a dream
大洋を渡る（という夢）	to cross the ocean
船で	by ship
そしてヒッチハイクする（という夢）	and to hitchhike
アメリカを横断して	across America

意味思考型 ③

置き換え音読

活動時間 10分
活動形態 個人

　英文の一部を日本語に置き換えて，そのワークシートを見ながら音読をする活動です。日本語にする単語を厳選することで，単語の練習や文法の確認にも役立ちます。

活動方法

1	ワークシートを配布します。
2	個人で音読をさせます。
3	わからない部分は教科書などで確認します。
4	生徒に問題を作らせるのも面白いです。

活動のポイント

ポイント1 日本語にする英単語を「動詞」や「名詞」などのように品詞を統一しておくとわかりやすいです（下のサンプルは品詞を限定していません）。

ポイント2 「動詞」を置き換える時には，時制に気をつける必要があります。熟語（句）を日本語にする場合は，単語数を表記することでサポートします（「一週間(3)」など）。

ポイント3 置き換え音読が終わったら，そのワークシートでRead and Look upなどの他の音読を行うようにします。各活動に負荷が高まり，汎用性の高いワークシートになります。

文章例

もとの英文（オリジナル）

> Our school library opens at 9:00 in the morning and closes at 5:00 in the evening. There are many books in the library. We can keep two books at home for one week. The library has two rooms, and we can use both of them. In the larger room, there are many different books. For example, we can find books about other countries.

置き換え音読

> Our school 図書館 opens at 9:00 in the morning and closes at 5:00 in the 夕方. There are たくさんの本(2) in the 図書館. We can keep two books at home 一週間(3). The 図書館 has two rooms, and we can 使う both of them. In the 大きい方の部屋(2), there are many 違う books. 例えば(2), we can 見つける books about other 国々.

意味思考型 ④ 穴なし穴埋め音読 〈意味思考型〉

活動時間 10分
活動形態 個人　ペア

「穴なし穴埋め」とは，その名の通りに見えない穴があるのです。

　　普通の問題　　You are very good at（　　　　　　　　　）．
　　穴なし穴埋め　You are very good at．

　上のように（　）が隠されています。これにより，生徒は（　）の周辺だけを読むという作戦（テストテイキングストラテジー）から，文全体を読まなければいけない状況に追い込まれ，負荷が高まります。この実践は靜哲人先生（大東文化大学）の穴なし穴埋めテストを参考にさせてもらいました。

活動方法

1	ワークシートを配布します。
2	抜けている単語の数を伝えます（伝えないで活動してもよい）。
3	個人（もしくはペア）で音読をさせます。
4	わからない部分は教科書などで確認します。

活動のポイント

ポイント1 意味思考型なので，抜く単語の品詞は「動詞」か「名詞」がベストです。「穴なし」が難しい場合は，スモールステップとして「穴あり」も準備しておきます。

ポイント2 自分たちで作らせるのもいいと思います。ペアへのチャレンジ問題として家で作成してきてもらいます。ただし，生徒に作らせる場合は抜く単語を1文に1つと限定しておきます。

文章例

穴なし穴埋め問題（意味思考型）

> I to America for the first time when I was sixteen. Nowadays many young go abroad; things have changed a lot since I a boy. To me, America was a strange, far-away land.

簡単バージョン〜穴なしが難しい場合〜

> I (　　　) to America for the first time when I was sixteen. Nowadays many young (　　　) go abroad; things have changed a lot since I (　　　) a boy. To me, America was a strange, far-away land.

ワークシート解答欄例

　　　　＿＿＿＿＿　went　＿＿＿＿＿
　　　　＿＿＿＿＿　people　＿＿＿＿＿
　　　　＿＿＿＿＿　was　＿＿＿＿＿

意味思考型 ⑤

Shadowing
〈日本語編〉

活動時間 5分
活動形態 個人

　シャドーイングは，通常流れてくるモデル音声を追いかけて真似をしていきます。ですが，私が実践しているシャドーイングは，必ず生徒に何かを見せた状態にしています。ある程度音読練習を積み重ねたあと，日本語の意味を見せながらシャドーイングをさせています。

活動方法

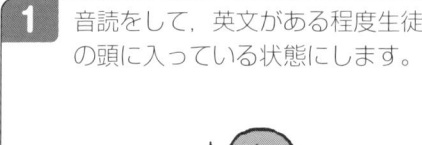

1 音読をして，英文がある程度生徒の頭に入っている状態にします。

2 音読した英文の日本語訳が書かれたワークシートを渡します。

3 CDなどのモデル音声を，日本語を見ながらシャドーイングさせます。

4 時々CDを止めて，「今どこの意味？」と確認を入れます。

活動のポイント

ポイント1 ワークシートの日本語訳は，１文丸ごとの訳ではなく，センスグループ（意味の固まり）ごとの訳にしておきます。できるだけシャドーイングしている英語と日本語の意味を同時並行にするためです。

ポイント2 やらせっぱなしになると，日本語を適当に見ているだけの生徒が出てくるので，時々CDを止めて「今どこの意味？」と適当な生徒を指名します。

ポイント3 シャドーイングは，「流暢さ」を育てることに効果的ですが，そのスピード感からどうしても「正確さ」が失われがちになります。正確さを失った流暢さには，私はあまり価値がないと考えていますので，正確さをしっかりと指導，あるいは生徒たちが意識できる段階まで育てておくことが大切です。

シャドーイングとタブレットPCの活用

　シャドーイングは個人の活動形態です。ですから，ICTとの相性が非常によい活動と言えます。

　シャドーイング用の音声データを生徒のタブレットに落として，シャドーイングさせます。その際，そのシャドーイングを自分のタブレットに録音させます。そして，自分のシャドーイングを確認させると自分ができている部分とできていない部分がよくわかるようになります。また，記録として残していくこともできるので，ポートフォリオ的に自分の音声データを活用することもできます。シャドーイングに限らず，音読とタブレットの相性は非常にいいなぁと私は考えています。

意味思考型 ❻

Picture Script 音読

活動時間 15分
活動形態 個人 ペア

　英文の意味内容にそった絵をいくつか用意・あるいは手描きして，その絵から英文を復活させる音読です。教師に絵心がない（私はありません……）場合でも，独特の味が出るので面白い活動です。

活動方法

1 音読を繰り返し，ある程度暗唱ができている状態にします。

2 教科書付属のピクチャーカードなどを利用して，英文を再生させます。

3 自分で絵を描いて（数を指定），そこから再生させることも可能です。

4 ②の場合も③の場合も，教師もしくはペアが英語を確認します。

84

活動のポイント

ポイント1 ピクチャーカードはあれば活用したいですが，ない場合は教師が作ります。手描きも素敵なのですが，パワーポイントなどのデータは，保存できるので便利です。

ポイント2 この活動をしていると，本文とは違っていても内容的には同じというパターンで再生してくる場合があります。私の場合，基本的には「教科書と完全に同じ」という指定をしています。そうしなければ，ペアでのチェックが機能しなくなるからです。

ポイント3 生徒に絵（Picture Script）を描かせた場合，それらを交換して行うことも効果的です。友達の描いた絵で英語を再生する活動は，クラスの空気を柔らかくしてくれます。

活動例

再生したい英文

> I want to talk about my dream. My dream is to be an English teacher in the future. I study English hard every day.

Picture Script

意味思考型 ⑦ 上の句下の句音読

活動時間 10分
活動形態 ペア

簡単なスピーキング能力と意味を理解するリスニング能力の両方を育てる活動です。実際にやってみるとすごく知的負荷の高い活動なので，生徒も熱中します。

活動方法

1 ペアを組ませ，顔を向き合わせます。

2 Aの生徒は上の句を読み，Bの生徒が意味に合う下の句を読みます。

3 時間が来たら交代します。

4 慣れてくると，下の句は「即興」で作らせたりします。

活動のポイント

ポイント1 不定詞や接続詞の指導時に使える活動ですが，他の文法でも活用できます。キーセンテンスなどの「絶対に覚えてほしい文」などにも効果的です。

ポイント2 ワークシートには，簡単なものと難しいものを織り交ぜて入れておきます。そうすることで，英語が苦手な生徒に配慮します。また，英語が得意な生徒には「Bの紙を見ずにアドリブで！」と指示すると，活動のレベルが高まります。

ポイント3 読ませたあと，文章を書かせる活動につなげるのも効果的です。2人の文章が一致したらノートに書きます。ただし，お互いのプリントを見せ合うことはNGとしておくと，何度も音読が繰り返されます。

文章例

```
A（上の句）：I take a taxi
           I ran into the convenience store
           Mr. Shoto uses his chopsticks
           It is nice of me
           I study hard
```

```
B（下の句）：to drink a cup of coffee at the coffee shop.
           to go to the airport.
           to use the bath room.
           to be a pilot in the future.
           to eat udon noodles.
```

英文暗唱型 ①

Read and Look up

活動時間 10分
活動形態 個人 ペア

　音読の中で最も有名な活動だと思います。シンプルでありながら，効果は抜群の活動です。少しの時間でも行えるので，正しい方法を早い段階で指導しておくべきだと思います。

活動方法

1 覚えられるギリギリか，もしくはその手前ぐらいまでを覚えます。

2 教科書（プリント）を胸に当て，見えないようにしながら，覚えた箇所を暗唱できるかどうか試します。

3 できたら次の文に進み，ダメだったら再チャレンジをします。

4 ペアで行う場合は，正しいかどうかをチェックしてもらいます。

活動のポイント

ポイント1 Read and Look up は，ある意味で「自立」した音読活動です。教師は机間巡視などで発音などをチェックしていきますが，限界があります。そこに至るまでに，正しく発音できるよう指導しておく必要があります。

ポイント2 活動に時間差が生まれます。1周目が終わった生徒は2周目に入る，もしくは Flip&Write（p.132）に移る，などの指示が事前に必要になります。

ポイント3 この活動は文章を暗唱するのに効果的です。すべての単元で行うことは難しいですが，音読テストやコミュニケーション活動などを適宜入れて「覚えてよかった」と思わせる工夫が必要です。

Read and Look up を制する者は……

ボクシングの世界には「左を制する者は世界を制す」という有名な言葉があります。これを音読の世界に置き換えるならば，「Read and Look up を制する者は音読を制す」ということになるかもしれません。それぐらいこの活動は音読指導の中でも重要視されているものだと私は思います。

本当に奥の深い活動で，同じ「Read and Look up」という名前をもつ活動であっても，行われる先生によって少しずつ違います。同僚の先生方に方法を聞いてみたりすると，個性がわかりとても面白いです。私は Look up する時に，必ず教科書（プリント）を胸にあてるように指示します。特に何かの意味があるわけではないのですが，私はそのように指示しています。

英文暗唱型 ②
完コピリーディング

活動時間 10分
活動形態 ペア

　私が**最もオススメする音読**です。Listen and Say とも言われています。この音読のいいところは、「英文を細部まで正確に覚えられる」「個人のレベルに調整することができる」というところです。基本的にはペアで行う活動なので、「ペアの仲がよくなる」という部分もオススメするポイントの1つです。

活動方法

1 Aが文章を読み上げ、Bがその文書を何も見ずに繰り返します。

2 AはBの表情を見ながら、長すぎず、短すぎず、ちょっと頑張れば繰り返すことができる長さを読み上げるようにします。

3 ただし、ちょっとしたミスなどがあった場合も、最初からやり直すことをルールとして徹底しておきます。

4 時間が来たら交代します。

活動のポイント

ポイント1　完コピリーディングで重要なのは,「文章をどこで切るか」ということです。これをいい加減な場所で切るのではなく,センスグループ（意味の固まり）で切るように指導しなければいけません。センスグループを自力で見つけることが難しい段階の生徒には,事前にセンスグループで切ってあるワークシートなどを渡してあげるといいと思います。

ポイント2　この音読では,Aさんがしっかりと1つの単語も読み落とすことなく,正しい発音で読み上げない限り,Bさんは正しくリピートすることができません。ですから,AさんとBさんの両方がそれぞれとても重要になります。

ポイント3　とにかく生徒が頭を必死に使う活動です。脳がフル回転しているのがよくわかり,この活動が終わると「あぁ疲れた～」と生徒は言います。負荷の高い活動ほど,力は育ちます。クラス内の学力に差がある場合でも,それぞれのレベルで対応できる音読方法ですので,全員の英語力を伸ばすことができます。

活動例

生徒A：Hello, everyone.
生徒B：Hello, everyone.
生徒A：I would like to talk about my dream.
生徒B：I would talk……　何だっけ？
生徒A：I would like to talk about my dream.
生徒B：I would like talk about…
生徒A：違う！　to が抜けた！　もう1回ね。
　　　　I would like to talk about my dream.
生徒B：I would like to talk about my dream.

英文暗唱型 ③ キーワード音読

活動時間 5分
活動形態 個人 ペア

　キーワードだけを残しておき，そのキーワードをもとに英文を復元していく活動です。意味思考型と英文暗唱型の両方の活動と言えますが，子ども達は「暗唱」というストラテジー（方略・戦略）を，キーワード音読の時には使うことが多いです。

活動方法

1 いくつかのキーワードを提示します。提示方法は様々あります。

2 キーワードをもとに英文を再生していきます。

3 間違っていたりわからない場合は，ペアが音読してあげて繰り返します。

4 時間が来たら，交代して続けます。

活動のポイント

ポイント キーワードの選び方です。機能語ではなく内容語を選択することにより，意味内容にもフォーカスを当てることができます。また，教師が選ぶ方法と生徒に自分で選ばせる方法とがあります。

文章例

もとの英文（オリジナル）

I was very busy this morning. I usually get up at 6:00 every morning and leave home at 7:00. But, I got up at 6:45 this morning. I said "Oh, no! Today is the chorus contest day! My class practices for chorus contest in the morning!!"

キーワード音読【例1】

　　　　　　　　　this morning.　　　　　　　　6:00　　
　　　　　　　　　　　　　7:00. But,　　　　　　6:45 this morning. I said "　　　　　　　　　　　　　　day! My
　　　　　　　　　　　　　　　　　　　　　　　　"

キーワード音読【例2】：先頭の単語のみを残すパターン

I
I
But,
I
Today
My

英文暗唱型 ④ 隠し音読

活動時間 5分
活動形態 ペア

　その名の通り，英文の一部を隠して音読をします。キーワード音読と似ていますが，違う点は「消える部分がランダムであること」です。キーワード音読のように作為的ではないのでゲーム性が高まります。

活動方法

1 ペアになります。

2 教科書やワークシートを机の上に置きます。

3 鉛筆（シャープペンシル）などを使って，その一部を隠します。

4 ペアはその隠された部分を補いながら，音読をしていきます。

活動のポイント

ポイント1　使うアイテムは，鉛筆（シャープペンシル）だけでなく消しゴムや定規などを使うことも可能です。ただし，全文が消えてしまわないようなものでなければいけません。

ポイント2　隠し方に創意工夫が出てきます。普段目立たない生徒であっても，こういう場面でユニークな姿が見られたりします。白紙を重ねている生徒もいました。そこを褒めるようにすると，英語で目立たない子を輝かせることができます。

ポイント3　英文暗唱型と空気温め型の活動です。クラスの空気が停滞している時などに効果的な活動です。

活動例

隠し音読【例1】：鉛筆（2本）バージョン

> I was very busy this morning. I usually get up at 6:00 every morning and leave home at 7:00. But, I got up at 6:45 this morning. I said "Oh, no! Today is the chorus contest day! My time for breakfast. I left home at 7:10.

隠し音読【例2】：白紙プリント重ね（See Through）バージョン

> I was very busy this morning. I usually get up at 6:00 every morning and leave home at 7:00. But, I got up at 6:45 this morning. I said "Oh, no! Today is the chorus contest day! My class practices for chorus contest in the morning!!" I didn't have time for breakfast. I left home at 7:10.

文法確認型 ① 2人称読み

活動時間 5分
活動形態 ペア

　教科書の中には，日記調などの「1人称」で書かれた本文があります。これを「2人称」にして音読する活動です。I を You に変えて音読するのですが，所有格や目的格も変わるので代名詞の練習に効果的です。

活動方法

1 1人称で表現されている英文を選択します。

2 ペアになり，1人が2人称に変換して読み，もう1人がチェックします。

3 主格だけでなく，目的格や所有格なども変化することに注意します。

4 慣れてくると，「完コピリーディング」などにも挑戦します。

活動のポイント

ポイント　代名詞の練習に効果的な活動です。所有格や目的格がたくさん入っている英文が望ましいです。

活動例

もとの英文（オリジナル）

> 　I want to talk about my dream. My dream is to be an English teacher in the future. It is very important for me to study English.

2人称読みした時（下線部が変更される部分）

> 　You want to talk about your dream. Your dream is to be an English teacher in the future. It is very important for you to study English.

完コピリーディングバージョン（ペア）

A：（教科書を見ながら）I want to talk about my dream. My dream is to be an English teacher in the future.
B：（教科書を見ずに，頭を使って）You want to talk about my…じゃなかった your dream.　ええっと…

　このやり取りのように活動させることも可能です。かなり負荷の高い活動ですが，コミュニケーション活動の要素も含まれているので英語力を伸ばしてくれます。

音声チェック型

意味思考型

英文暗唱型

文法確認型

空気温め型

Chapter3　目的別で効果抜群！音読指導アイデア30　97

文法確認型 ② 3人称読み

活動時間 5分
活動形態 ペア

　「2人称」で書かれた文章を「3人称」で読み上げていく音読です。「2人称読み」の負荷に加えて，3人称読みは「動詞の変化」（3人称単数現在形のsなど）が生まれてきます。

活動方法

1	1人称で表現されている英文を選択します。
2	ペアになり，1人が3人称に変換して読み，もう1人がチェックします。
3	HeやSheなどを織り交ぜながら行います。
4	慣れてくると，「完コピリーディング」などにも挑戦します。

活動のポイント

ポイント 代名詞の練習に効果的な活動です。所有格や目的格がたくさん入っている英文が望ましいです。加えて，一般動詞が多く入っているとなお効果的です。

活動例

もとの英文（オリジナル）

> I want to talk about my dream. My dream is to be an English teacher in the future. It is very important for me to study English.

3人称読みした時（下線部が変更される部分）

> <u>He</u> <u>wants</u> to talk about <u>his</u> dream. <u>His</u> dream is to be an English teacher in the future. It is very important for <u>him</u> to study English.

完コピリーディングバージョン（ペア）

A：（教科書を見ながら）I want to talk about my dream. My dream is to be an English teacher in the future.

B：（教科書やAの方も見ずにクラス全体を見ながら）He wants to talk about my…じゃなかった，his dream. ええっと…

　このやり取りのように活動させることも可能です。2人称読みとは違うので，Bの生徒はAの生徒の顔を見ずに違う方向を見て，紹介するように音読するよう指示します。レポーティングの練習や他己紹介などに効果的です。

Chapter3　目的別で効果抜群！音読指導アイデア30　99

文法確認型 ③ 疑問文音読 〈Yes-No 編〉

活動時間 10分
活動形態 ペア

　教科書の本文が「答え」になるような疑問文を作成し，ペアで会話のやり取りのように音読を行う活動です。Yes-No 編の場合は，疑問詞を使わない疑問文を作成していきます。

活動方法

1 教科書の本文が答えになるような疑問文を作っていきます。

2 ペアになり，疑問文→本文→疑問文→本文の流れで音読をしていきます。

3 A が疑問文を読むと，B が本文を読むという流れにします。

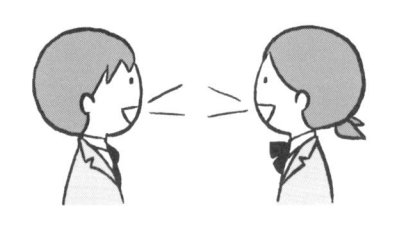

4 時間が来たら，交代です。

活動のポイント

ポイント1 "I want to talk about my dream." の場合は，"Do you want to talk about your dream?" という疑問文を作成します。Yes-No の質問なので，本文の最初に "Yes." などをつけ加えると，より会話風になります。

ポイント2 Yes-No 疑問文は，比較的簡単に作ることができます。事前に準備（ワークシートに記入）しておいてから音読に取り組んでもいいですが，即興で行っても十分に取り組めます。

活動例

もとの英文（オリジナル）

> I want to talk about my dream. My dream is to be an English teacher in the future.

疑問文音読（下線部が追加された部分）

<u>Do you want to talk about your dream?</u> <u>Yes.</u> I want to talk about my dream. <u>Is your dream to be an English teacher in the future?</u> <u>Yes.</u> My dream is to be an English teacher in the future.

1人で音読させてもOKですが，ペアで行う方がコミュニケーション活動的になります。決められた英文であっても「感情をつけて読もう」と言えば，子ども達は意味や状況を考えて音読するようになります。

否定文の場合は，以下のような形になり，「否定疑問文」はタイミングを考えて導入します。

もとの文：I don't like curry and rice.

疑問文音読：<u>Do you like curry and rice?</u> <u>No.</u> I don't like curry and rice.

文法確認型 ④ 疑問文音読 〈応用編〉

活動時間 10分
活動形態 ペア

　Yes-No 編の応用バージョンです。Yes-No で答える疑問文ではない，疑問詞を使った疑問文を入れながら音読していく方法です。かなり難易度の高い活動ですが，英語が得意な生徒たちは喜んで取り組みます。

活動方法

1 教科書の本文が答えになるような疑問文を作っていきます。

2 ペアになり，疑問文→本文→疑問文→本文の流れで音読をしていきます。

3 A が疑問文を読むと，B が本文を読むという流れにします。ただし，主たる答えの部分は強調します。

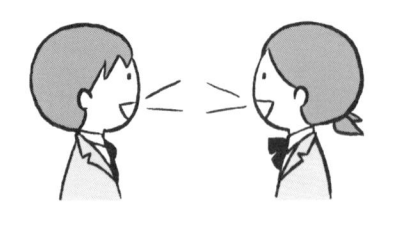

4 時間が来たら，交代です。

活動のポイント

ポイント1　"I want to talk about my dream." の場合は，"What do you want to talk about?" という疑問文を作成します。その他にも "Whose dream do you want to talk about?" などの疑問文も作成できます。

ポイント2　疑問文の作らせ方です。教師が下線などを引き，それが答えの中心になるような疑問文を作るようにと指示するか，もしくは自由に疑問文を作らせて，ペアが答えの部分を強調して読むように指導することも可能です。

活動例

もとの英文（オリジナル）

> I want to talk about my dream. My dream is to be an English teacher in the future.

疑問文音読【教師指定】

（下線部が追加された部分・□は中心になる答えとして教師が指示した単語）

　What do you want to talk about? I want to talk about |my dream.| What do you want to be in the future? My dream is to be |an English teacher| in the future.

疑問文音読【答え強調】（Bは主な答えになる部分を強く読む）

A：Whose dream do you want to talk about?
B：I want to talk about MY dream.
A：What do you want to be in the future?
B：I want to be AN ENGLISH TEACHER in the future.

Chapter3　目的別で効果抜群！音読指導アイデア30

文法確認型 ⑤ 否定文音読

活動時間 5分
活動形態 ペア

　疑問文音読は，本文の直前に追加していくパターンだったのに対し，否定文音読は本文の直後に追加していくパターンになります。その名の通り，否定文にしていく活動です。

活動方法

1 本文を1文ずつ否定文にしていきます。

2 もともと否定文の場合は，肯定文にしていきます。

He doesn't like cakes.
↓
He likes cakes.

3 ペアで，本文→否定文→本文→否定文，というように進めていきます。

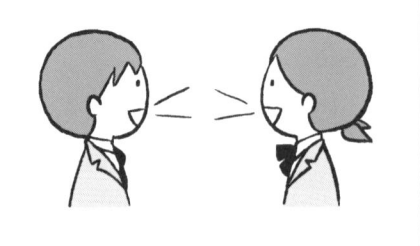

4 時間が来たら，交代します。

活動のポイント

ポイント1　"I want to talk about my dream." の場合は，"I don't want to talk about my dream." という否定文を作成します。

ポイント2　否定文音読は，慣れると比較的簡単な活動です。完コピリーディングなどとセットにして活動すると，負荷が高まります。

ポイント3　2人称読み，3人称読み，などとセットにすると，少しだけ会話風の活動になります。完コピリーディング＋3人称読み＋否定文音読，と組み合わせると，とても負荷が高くなります。

文章例

もとの英文（オリジナル）

> I want to talk about my dream. My dream is to be an English teacher in the future.

否定文音読【通常バージョン】（下線部が追加された部分）

> I want to talk about my dream. <u>I don't want to talk about my dream.</u> My dream is to be an English teacher in the future. <u>My dream is not to be an English teacher in the future.</u>

否定文音読【2人称読み＋完コピリーディングバージョン】（Bは教科書なし）

> A：I want to talk about my dream.
> B：<u>You</u> don't want to talk about <u>your</u> dream.

> A：My dream is to be an English teacher in the future.
> B：<u>Your</u> dream is not to be an English teacher in the future.

文法確認型 ⑥
穴なし穴埋め音読
〈文法確認型〉

活動時間	5分
活動形態	ペア

　意味思考型でご紹介させていただいた「穴なし穴埋め音読」の文法確認型です。意味思考型では，内容語を中心に抜いていたのに対して，文法確認型では機能語なども抜きます。

活動方法

1 ワークシートを配布します。

2 抜けている単語の数を伝えます（伝えないで活動してもよい）。

3 個人（もしくはペア）で音読をさせます。

4 わからない部分は教科書などで確認します。

活動のポイント

ポイント1 ヒントはレベルに応じて活用できます。音読だけでなく、テスト問題としても活用できます。その場合、家庭学習で生徒に音読をさせる効果（波及効果）も期待できます。

ポイント2 「英語力が高ければ、初見でも解答できる」ような問題、つまり、文法的におかしい問題を作らなければいけません。「もとの文章とは違うけど、意味は通じる」という英文は基本的には NG です。

活動例
穴なし穴埋め問題（文法確認型）

> I went America for the first time I was sixteen. Nowadays many young go abroad; things have a lot since I was a boy. To me, America was a strange, far-away land.

ワークシート解答欄例　Level 1

　　＿＿＿＿＿＿　to　＿＿＿＿＿＿
　　＿＿＿＿＿＿　when　＿＿＿＿＿＿
　　＿＿＿＿＿＿　people　＿＿＿＿＿＿
　　＿＿＿＿＿＿　changed　＿＿＿＿＿＿

ワークシート解答欄例　Level 2

　　＿＿＿＿＿＿　（　　　）　＿＿＿＿＿＿
　　＿＿＿＿＿＿　（　　　）　＿＿＿＿＿＿
　　＿＿＿＿＿＿　（　　　）　＿＿＿＿＿＿
　　＿＿＿＿＿＿　（　　　）　＿＿＿＿＿＿

音声チェック型　意味思考型　英文暗唱型　文法確認型　空気温め型

Chapter3　目的別で効果抜群！音読指導アイデア30

空気温め型 ① 背中合わせ音読

活動時間 5分
活動形態 ペア

　生徒の声がイマイチな時に効果的な音読です。シンプルで手間いらずでありながら，生徒の声が一気に高まる活動です。

活動方法

1. ペアになり，起立します。

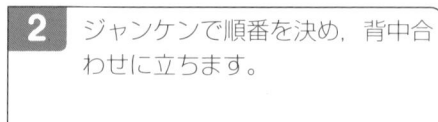

2. ジャンケンで順番を決め，背中合わせに立ちます。

3. Aが音読を始めて，適当なところで読むのを止めます。

4. Bはどこで読み終わったのかを聞き取り，続きを音読します。

活動のポイント

ポイント1 背中合わせになると，大きな声で音読しない限り，ペアにどこまで読んだのかを聞かせることはできません。したがって，生徒たちの声は大きくなります。

ポイント2 教室が盛り上がってくると，大きい声を出せない生徒が振り返りながら音読をすることがあります。状況にもよりますが「空気温め型」の活動ですので，そういう場面も笑って流すようにします。

ポイント3 音読を交代するポイントですが，①ピリオド，②センスグループ（意味の固まり）というように指定しておきます。

声づくりは，授業づくり

あいさつをしても，返事を求めても，音読をさせてもほとんど声が聞こえないクラスがあります。大きな声が必要かどうかはTPOを考えて指導すればいいのですが，生徒が自己開放できていない結果，声が小さくなっているのであれば，何とかしなくてはいけないと思います。

大きな声を出す必要性はともかく，生徒が大きな声を出せる環境をつくってあげることは大事だと思います。「自分の声を出しても恥ずかしくない！」そんな授業のムードをつくっていく必要があります。声づくりは，授業づくりです。活気ある授業を目指しているのであれば，声を出せるムードづくりが必要になります。子どもは，ルールではなくムードで動きます。大きな声を出す音読活動（空気温め型）を時々入れて，ムードをつくっていきましょう。ただし，英語力を伸ばすことにはそれほど貢献しない活動だと思うので，時々ぐらいがちょうどいいです。

空気温め型 ② チャイム音読

活動時間 5分
活動形態 ペア

　授業開始のベルが鳴っていても，生徒は着席していない……。こういう状況を打破するための活動です。この活動をあらかじめ指示しておくと，授業開始時間から無駄なく授業をスタートできます。

活動方法

1 前時に「チャイム音読」をすることを指示しておきます。

2 チャイムが鳴る前に教室に入り，「チャイム音読」を喚起します。

3 チャイムが鳴り始めたら，教科書の指定されたページをできるだけ早く読みます。

4 チャイムが鳴り終わった時，教師は「ストップ！」と声をかけて，どこまで読めたのかを記録させます。

活動のポイント

ポイント1 学校にもよるのでしょうが，チャイムの平均時間は約20秒です。チャイムの鳴り始めからスタートし，鳴り終わり（もしくは教師の号令）までひたすら読み続けます。

ポイント2 チャイム音読のルールとして，①授業の準備をしていること，②着席していること，③途中参加はできないこと，などを指示しておきます。ねらいは「チャイム開始時に授業ができる状態にすること」ですので，これらのポイントを外してはいけません。

それでも生徒が座らなければ……

チャイム音読誕生のきっかけは，若い先生から「生徒が座ってくれないんです……」という相談を受けたことです。その先生はチャイム音読を活用することで，その悩みから解放されました。しかし，別の先生からは「あんまり効果は出ませんでした」と相談されました。

チャイム音読の真の目的は「生徒を着席させること」です。時間を1秒も無駄にしたくない，という信念をもっていなければ使えない技です。しかし，チャイム音読がダメな場合は次のステップとして「チャイム即テスト」があります。これはチャイムがテスト開始の合図であり，問題は教師が口頭で言います。チャイム前に座っていなければ，テストは受けられない仕組みです。

それでもダメなら，「3分前廊下仁王立ち」です。よくチャイムが鳴る前に教室に入る先生がいます。もちろん，これでもいい（若い先生が生徒との距離を近づけるためには有効）ですが，しっかりと座らせるという意味では「？」です。そこで「3分前廊下仁王立ち」が有効です。3分前になったら廊下に仁王立ちします。生徒が話しかけてきても基本的には「座りなさい」以外は答えません。ちょっと勇気が必要な方法ではありますが，効果はあると思います。

Chapter3　目的別で効果抜群！音読指導アイデア30

空気温め型 ③

Highway Reading

活動時間 5分
活動形態 ペア／クラス全体

　深田將揮先生（畿央大学）に教えていただいた音読活動です。教師も生徒も相当なパワーが必要になる活動ですが，成功すれば教室が一気に活気づきます。かなりうるさくなるので，他学級への配慮が必要です。

活動方法

1 ペアを組み，教室の両端に立たせて向かい合わせます。

2 教師の合図でペアが息を合わせて音読を開始します。

（せーのっ！）

3 教室の真ん中を，教師が「ブーンッ！」などと言いながら音読を邪魔するようにします。

（ブーン！）

4 教師の邪魔に負けないように大きな声で音読するように指示します。

（聞こえないよ！）

活動のポイント

ポイント1 音読の目的である「英語力の伸長」という面においては，あまりメリットのある活動ではありません。むしろ，発音やイントネーションなどが乱れるという影響があります。しかし，クラスの停滞ムードを一新する効果がありますので，使うポイントを見極めなければいけません。

ポイント2 英語の音声面が乱れますから，その後にしっかりと音声面を整えてあげる活動を仕組まなければいけません。何かの活動とセットにしておくことがポイントです。

Hospital Reading

私が深田先生からHighway Readingを教えていただいた時，同時にHospital Readingというものも教えていただきました。読んで字のごとく，病院の中で音読することをイメージしてつくられたものです。方法は，ペアの2人が限りなく近づいて，できるだけ小声で音読するというものです。

この活動は「Highway Reading」の対極にある活動です。大声から小声という流れは，生徒に「メリハリ」を指導する時に効果的です。クラスの目標などをつくるとき，生徒はよくメリハリという言葉を使いますが，実際にメリハリとはどのようなものなのかを指導するべきだと私は考えています。このHighway ReadingとHospital Readingをセットで行えば，生徒にメリハリを指導することが可能になります。

Chapter3　目的別で効果抜群！音読指導アイデア30

空気温め型 ④

クロス音読

活動時間 5分
活動形態 ペア

　生徒の声がイマイチの時，しかし Highway Reading をするほどの時間もパワーもない……。そんな時にお手軽にできる音読です。音読をペアでさせることがあると思いますが，それを少しアレンジします。

活動方法

1　隣同士ペアで行っている音読を「ななめペア」で行います。

2　席は動かず，体の向きだけを変えるように指示します。

3　音の交差点（声が交差するところ）を意識するように指示します。

4　適当な場所で区切りながら，ペアで音読していきます。

114

活動のポイント

ポイント1 ペアは「横」だけではありません。「縦」があったり，「ななめ」があったりします。座席配置はペア学習などにとても重要な要素です。

ペア音読

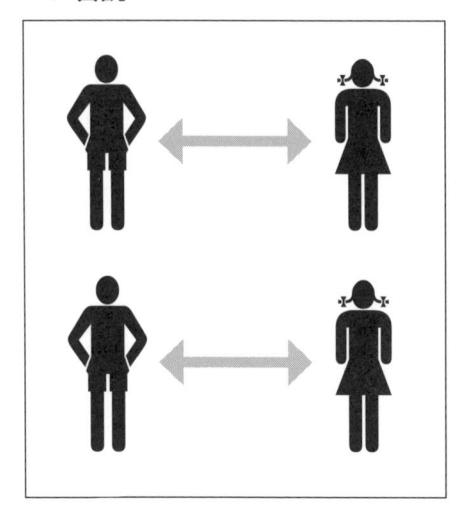

クロス音読

ポイント2 1文ずつ交代していく音読か，ペアが適当なところまで読んで続きを音読する「センスグループ交代音読」などが，クロス音読には効果的です。

空気温め型 ⑤

リレー音読

活動時間 5分
活動形態 クラス全体 グループ

　1人あたりの活動量は非常に少ないのですが，クラスでの一体感が生まれます。学級経営と結びつけて行うことができる活動です。

活動方法

1. 指定された生徒（立候補や教師の指名など）から音読をスタートします。

2. 音読している生徒は，好きな場所（ピリオドか意味の切れ目）で音読をストップします。

3. 次の生徒は，流れが途切れないようにスムーズに続きを読みます。

4. 次の人にパスする時，読む場所が違っていたり，間があいたりするとアウトです。

アウト！

活動のポイント

ポイント1 上手くつながって音読できているかどうかのジャッジは教師が行います。簡単に全員が成功してしまうと達成感がないので，厳しめにジャッジするようにします。

ポイント2 スタートの生徒は，実はとても楽です。つなぎを意識する必要がないからです。ですので，英語を苦手としている生徒をスタートにするといいと思います。ただし，そういう作為が見えないように工夫は必要です。

ポイント3 文章が終わった場合は，2周目に入ります。文章の途中であっても，全員が読み終われば，そこで終了です。

リレー音読の動線

縦の動線　　　　　　　　横の動線

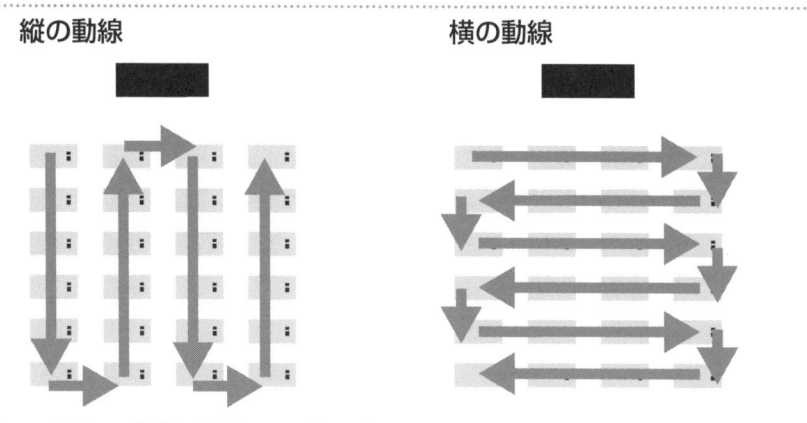

　リレー音読の動線は縦よりも横の方がいいです。縦だと前の生徒がソワソワします。また，全体が達成された場合は「〇秒前後で達成してみよう」と追加課題を与えると，さらに盛り上がります。クラス全体で行うことも可能ですが，班などのグループで行うことも可能です。

Chapter

4

少しの工夫で効果倍増！
音読を充実させる 7 の仕掛け

仕掛け1　隠す

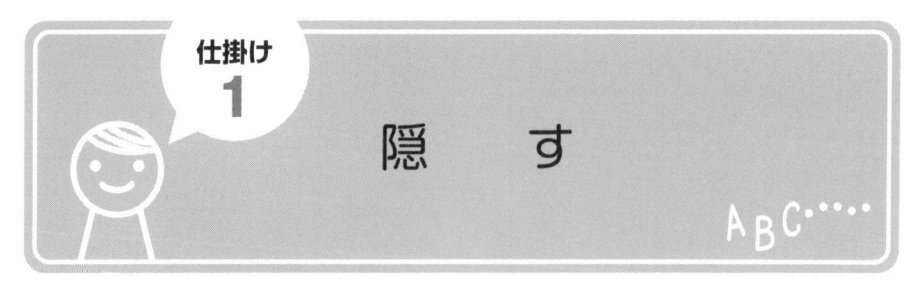

　一番シンプルでお手軽にもかかわらず効果は抜群という優れた方法です。「隠す」という教育技術は、割と多くの教師が使っている技のようにも思うのですが、無意識に使われている先生方が多いのかなとも感じています。

英文を隠す

　英文の一部を隠せば、それだけで音読の負荷は高まります。一部を隠せば「隠し音読」になり、そのほとんどを隠してキーワードだけを残せば「キーワード音読」になり、全部を隠せば「Read and Look up」になります。「隠し方」を工夫することで、ゲーム性も高まります。

タイトルを隠す

　ある英文を音読させます。ただし、タイトルは隠しておきます。「どんなタイトルだと思う？　想像しながら読んでごらん」と指示をします。それだけでも生徒は意味内容を把握しようと音読をするようになります。

場所を隠す

　「この会話はどこで行われていると思う？」と指示をして読ませます。会話文に実際の場所の名前が出ているときは、そこだけを隠しておきます。

時間を隠す

　私は「○○秒±5秒以内で読んでごらん」と指示することが多いのですが、その制限時間を隠します。そして「何秒ぐらいが適切なスピードだと思

う？」と発問し，生徒に自主練習をさせます。個人の活動というよりもグループの活動の方が，話し合いが生まれて盛り上がります。適切なスピードで読む習慣が身についていれば，だいたい正解します。

ピリオドを隠す

　テキストをワードなどに打ち出してピリオドを消します。そして「この文章の中にピリオドは3つ入ります。どこに入るのか予想しながら音読しましょう」と指示します。大文字小文字の変化はヒントになってしまうので，すべて小文字に変換しておきます。黙読ではなく，音読させながらチャレンジさせると直読直解のトレーニングになります。

> I went to America for the first time when I was sixteen nowadays many young people go abroad things have changed a lot since I was a boy to me, America was a strange, far-away land

" " を隠す

　「どこからどこまでがセリフでしょうか？　セリフだと思う部分だけを声を変えて音読してください」と発問してペアで取り組ませます。声を変えてと指示するのがポイントです。その部分だけを低い声で音読していたりすると「変わった声の女の子だねぇ」と言えば教室は爆笑です。つまり，「性別」も隠しているのです。

　隠すというのは，非常にシンプルでありながら奥深い技術です。何を隠すかによって伸びる力は変わりますし，活動の目的自体も変わります。人は，隠されると見つけたくなる生き物です。特に子どもはそうです。

仕掛け2 必要性をつくり出す

　やる気のない生徒にとって「音読する必要性」などありません。ですから，どこかで教師が「必要性が生まれる仕掛け」をつくる必要があります。つまり，生徒が「音読をしたくなる（しなければいけない）状況」を仕掛けるということです。

ストーリーメイキング

　4人1組のグループをつくります。そして，事前に教室の四隅に以下のようにカードを貼っておきます。そのカードを意味の通る正しい順番に並び替えるというゲームです。ただし，メモを取ること，ジェスチャー，日本語の使用を禁止します。すると，だいたいの生徒は四隅のカードを音読して覚えようとします。中にはパラフレーズして簡単にして報告する強者もいますが，それはある意味で音読より高度な活動ですので問題ありません。このようにすると，生徒は音読して文章を暗記するようになります。

読み間違えたらやり直しゲーム（リレー音読）

　グループであるまとまりの文章を音読させます。先生がある班を指名したとき，その班は指定された生徒から1文ずつ時計周りに音読をしていきます。読み間違えた場合はやり直しです。このように指示しておき，練習時間を設定します。すると，班の中で音読練習会が生まれます。英語が得意な生徒が，苦手な生徒に発音などを指導するのです。このゲームのいいところは，失敗してもなぜか笑いが生まれるところです。個人批判などはあまり生まれません。しかし，もしも個人批判などにつながりそうであれば避けるべき活動です。

音読テストをする

　音読の必要性をつくり出す最も簡単な方法であり，最も効果的な方法です。テストで生徒を動かすことを嫌う先生もおられるかもしれませんが，私は強力な方法であると考えています。詳細は「音読テスト」の項で書いていますので，そちらをご参照ください。

　音読の必要性は生徒が「音読っていい勉強方法だなぁ」と体感した時に生まれるものです。教師が与えるものではないと思っています。そして，そのように導いていくのが教師の仕事です。音読の必要性をゲーム感覚で与えていけば，いつかはそういう思いにたどり着いてくれると私は信じています。

仕掛け3　ゲーム化する

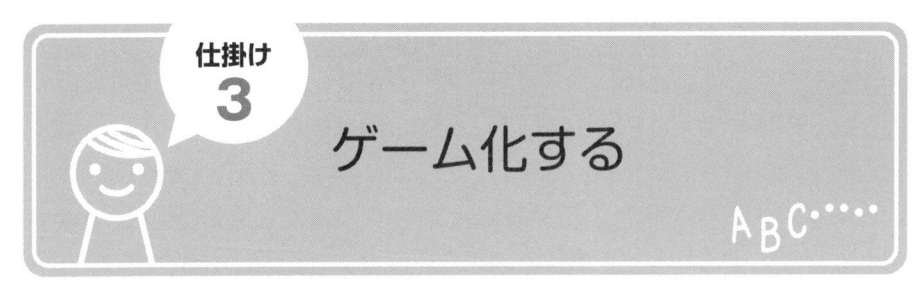

　「困った時のゲーム頼み」です。ゲームには不思議な魅力があります。授業開始の一言目を「では，授業を始めます」から「今からゲームをします」に変えるだけで生徒の目は変わります。キラキラと期待した目に変わります。ただし，思いつきの単発や苦し紛れのものは学力向上につながりません。「なぜこのゲームをするのか？」という目的意識をはっきりとさせる必要があります。

ポイント1　ルールはシンプルに
　ゲームは手段であって，目的ではありません。ですから，そんなにこだわったゲームを準備する必要はないと思っています。例えば「1分間に何回読めるかな？ゲーム」とか，「30秒ちょうどで読み切れるかな？ゲーム」など，ルール説明がほとんどなくてもわかるものがいいと思います。とにかくシンプルに。

ポイント2　逆転の要素を入れる
　「実力がすべて」では，どうしても英語が苦手な子のやる気が出ません。ゲームですから，じゃんけんのような「偶然性」を十分に入れておかなければいけません。また，テレビ番組でよくあるような「最後の問題は何と1万点！」などで盛り上がるようにするといいと思います。最後まで集中力を切らさないための工夫です。ただし，生徒から反感をかってしまうこともありますのでご注意を……。

ポイント3　選べる

　「選べる」ということはとても大事です。どんな小さな自己決定であっても，自分で選ぶことには責任感が生まれます。また，やる気のない生徒を「やるかやらないか」という2択から焦点をずらすこともできます。
　「簡単な音読ゲームと難しい音読ゲームがあるんだけど，両方する時間はないんだ。みんなはどっちがやりたい？」と聞いてあげるだけでも効果は抜群です。集団として成長しているクラスならば，まず間違いなく「難しい方」を選択します。

ポイント4　チーム戦にする

　ゲームの場合，個人戦よりもチーム戦の方が盛り上がります。何よりも，英語が苦手な生徒が安心することができます。「班対抗音読リレー」や「伝言ゲーム」などのチームで何かをする時には，必ず「作戦タイム」をとるようにしています。この時間の中で，全員がお互いのよさを一番出せる方法を探ります。苦手な生徒もこういうコミュニケーションの中で安心するようです。

　「ゲーム」をする時，英語の力が本当に伸びているかどうかを検証する必要があると思います。そして，「ゲーム」のほとんどは生徒の力を伸ばすことに貢献していません。それでもやはり「ゲーム」は魅力的であり，生徒の心をつかむのに効果的です。教師が工夫さえすれば，「ゲーム」で力を伸ばすことは十分に可能です。音読も，ちょっとした工夫で楽しくて力のつくゲームになります。ゲーム化をして，笑顔あふれる教室にしましょう。ただし，「単発」のゲーム活動にならないように注意が必要です。

仕掛け4 方向を変える

　生徒の立ち位置を変える，向きを変える，などのちょっとしたことでも，音読活動のスパイスになります。準備は何も必要ありませんのでお手軽・簡単です。

四方読み

　有名な実践ですが，簡単に実施できます。生徒に音読をさせる時，①黒板の方向，②窓の方向，③後ろ方向，④廊下方向，と順番を指定しておきます。生徒はそれぞれの方向で１回ずつ起立して音読を行い，４方向の合計４回の音読をします。こうすることにより，生徒が飽きないように，簡単に音読の回数を増やすことができます。さらに，向いている方向によって生徒の進度もわかりますし，読み終わっていないのに座るというズルが減ります。

お家へ音読

　家の方向に向かって音読をするように指示します。すると，「え～，家どっちかなぁ？」などと言いながら盛り上がります。同じ方向を向いている人がいたり，真逆の方向を向いていたりして統一感がありませんが面白い活動です。

壁音読

　その名の通り，壁に向かって音読をします。感情を込めて，あるいはジェスチャーなどを交えたスピーチやプレゼンテーションの練習などをさせる時に，この手法は有効です。机の前で表現豊かに音読練習することを，中学生

ぐらいになると恥ずかしがるようになります。しかし，クラスの全員が壁に向かった途端，表現力が上がるようになります。おそらく，壁に向かって話すという不思議な状況が，生徒の「恥ずかしいフィルター」を取り除いてくれるのだと思います。子どもはもともと高い表現力をもっていますので，環境を与えることでその力を引き出してあげたいといつも考えています。

Upside Down

　方向を変えるのは何も生徒だけではありません。教科書（プリント）を逆さまにすることも有効です。あまり多くの意味はありませんが，活動のちょっとしたスパイスにはなります。

　方向を変えることは，ただの「スパイス」です。それ自体が何かの意味をもつことはほとんどありません。しかし，今までの音読活動に掛け合わせると思わぬ効果を発揮します。ぜひお試しください。

仕掛け5 音読テスト

　音読テストを実施することが，生徒の音読練習を誘発します。それはまさに，生徒に単語を勉強させたい教師が，単語テストを毎時間行うことと同じです。テストのもつ影響力は，生徒の学習スタイルに影響を与えます。「音読なんてしても，テストには意味がない！」などと思っている（言っている？）生徒の学習スタイルを変えるために，音読テストの実施はとても効果的です。

　音読テストにはいくつかのメリットとデメリットがあります。

> **メリット**
> ・生徒の音読を1人ひとりチェックすることができる。
> ・家庭学習としての音読を誘発できる。

　特に「1人ひとりチェックできる」というポイントは非常に大きいです。どれだけ個別のチェックを意識しながら音読指導をしていたとしても，やはり「1対多数」の指導に変わりはありません。ですが，音読テストになれば，必ず「1対1」の状況が生まれます。

　しかし，音読テストを実施しておられる先生はそれほど多くはいないような気がします。また，頻繁に行っておられる先生はもっと少ないと思います。理由は簡単です。

> **デメリット**
> 時間がかかり過ぎる。

　1人に1分を使ったら，それだけで30分。40人学級なら40分です。これではあまりにも時間をもて余してしまいます。その間に生徒が騒いだりケンカなどが起きたりしたら……。そんなことを考えてしまうと，どうしても音読テストに踏み切るのは難しくなってしまいます。

音読テストを行うポイント！

ポイント1　予告しよう

　音読テストの最大の目的は，1人ひとりの英語をチェックすることだけではなく，「テストの力を借りて生徒の音読学習を促進させよう！」ということです。もちろん，1人ひとりのチェックも大事です。ですが，抜き打ちテストのようになってしまってはもったいありません。必ず予告して，生徒のやる気に火をつけましょう。予告内容に関しては，私の場合は「音読問題」をそのまま公開しています。つまり，「テスト形式」まで予告するということです。

ポイント2　生徒に暇を与えない

　音読テストは1対1の状態になることが普通です。ですから，必然的に「待ち時間」が生まれてしまいます。音読テストが終わったら，他の生徒を待っていて暇をしている……，なんて状況は避けなければいけません。活動の隙間の時間を「空白の時間」と表現したりしますが，この空白の時間こそが授業の停滞感を生み出す原因です。ですから，必ず何かしらの課題やタスクを設定して，生徒に暇をさせないようにしましょう。

実際の音読テスト

音読テストをやろう！

A

One day Carter saw a child. She was lying on the ground. He knew why the child was there. She was so hungry that she could not move. Suddenly a vulture appeared. He took this photo.

The photo appeared in the newspapers all over the world. It made him famous. He won a Pulitzer Prize for it.

B

One day Carter 見た a child. She 横たわっていた on the ground. He 知っていた why the child was there. She was so hungry that she could not 動く. Suddenly a vulture 現れた. He 撮った this photo.

The photo 現れた in the newspapers all over the world. It 〜にした him famous. He 勝ち取った a Pulitzer Prize for it.

C

One day Carter saw a child. S__ was lying on the ground. He k__ why the child was there. She w__ so hungry that she could not m__. Suddenly a vulture appeared. He took t__ photo.

The photo appeared in the n_____ all over the world. It made h__ famous. He won a Pulitzer Prize f__ it.

D

One day Carter saw a child. She (was lying / lied) on the ground. He knew (why / what) the child was there. She was (so / very) hungry that she (could / can) not move. Suddenly a vulture appeared. He (took / got) this photo.

The photo appeared in the newspapers all over (the / ×) world. It made him famous. He won a Pulitzer Prize for it.

E

One day _____ . She _____ the ground. He ____ why _____ . She ____ hungry _____ . Suddenly a vulture _____ . He _____ .

The photo ____ in the newspapers _____ . It ____ . He ____ a Pulitzer Prize ____ .

制限時間の設定

　時間を無限にはしません。基本的にはCD（あるいは教師が読んだスピード）と同じスピード＋5秒がリミットです。

テストの受け方

問題指定パターン

　「Aの音読のテストをします」と予告しておき，実際にAを行ってもらいます。

ランダムパターン

　「どれかを先生が指定します。どれが来ても大丈夫なように準備しておきなさい」と伝え，テストを受けに来た生徒にその場で指定します。

選択パターン

　「この中から自分の好きなものを受けていいよ」と指示します。ただし，難易度によって得点（プリントに記載しておく）に差をつけておきます。

評価方法

　私の場合は，「○」か「×」かの2択です。出来たか出来ていないか，です。部分点のような「おしい」的な評価はつけません。その方が生徒にも明快です。ただし，再テストに関しては「いつでも・どこでも・何度でも」というように生徒に伝えています。「できる」ようになるまで導くのが教師の仕事ですから，基本的には全員合格するまで追いかけます。

待ち時間にはこの活動だ！：Flip & Write

　音読テストの待ち時間は空白の時間になりがちです。しかし，「問題集をやりなさい」ではちょっと味気ないでしょう。せっかく音読テストで，英文を頭の中に記憶させているのですから，それをさらに定着させる活動を仕組みたいものです。そこで私が行っているのが，Flip & Write という活動です。

|表面|

　One day Carter saw a child. She was lying on the ground. He knew why the child was there. She was so hungry that she could not move. Suddenly a vulture appeared. He took this photo.

　The photo appeared in the newspapers all over the world. It made him famous. He won a Pulitzer Prize for it.

|裏面|

ここに英語を写して書いていきます。
表面と上下逆さまになっています。

　逆さまの両面印刷で，英文ページと書き写すページを印刷します。生徒には「裏面に表面の英語を写して書きましょう」と指示しておきます。生徒はペラペラめくりながら写すのですが，上下逆さまになっているのでかなり面倒になります。生徒は面倒なことが嫌いで，少しでも早く終わらせたいと思っていますから，できるだけ少ない回数で英語を写そうとします。この作業が，英文を脳に焼きつける作業になり，英文が定着していくようになります。また，ほとんどの生徒がぶつぶつと英語をつぶやきながら書き写していきます。これは生徒が音読筆写をしている状態になります。

テスト（授業）形態の新しい形：グルグルメソッド

　靜哲人先生（大東文化大学）が開発されたメソッドで，私の知る限りでは最も効率のいい授業形態です。私はこのグルグルメソッドを使ってテストをすることが多いです。（詳しくは『英語授業の心・技・体』『英語授業の心・技・愛』（ともに研究社）をご参照ください。）

> ①生徒を円形に並ばせて，中心方向を向かせます。
> ②教師は円の中をグルグル周り，1人ひとりの音読（この場合は1文ずつ暗唱させています）をテストしていきます。
> ③自分の順番が来るまでに次の文を覚えて準備しておきます。
> ④合格をもらえたら次の文に。不合格ならもう一度チャレンジします。

　この形態の最も優れたところは，

待っている生徒が暇をしない

というところです。教師がテンポよく回れば，あっという間に自分の番がやって来ますから，次の文章を覚えるために必死になります。ポイントは，教師が「〇」か「×」かを一瞬で判断することです。

仕掛け 6 小道具を活用する

　音読で役立つアイテムをご紹介させていただきます。便利なものもあれば，「必要か？」と思われるものまであるかもしれません。100円均一などを歩くだけでもアイデアが溢れてきます。音読を盛り上げるスパイスとしてお役立てください。

ベル

　昔は高かったのですが，最近は100円で購入できるようになりました。音読活動が盛り上がると，「スト〜ップ！！」の声を大きく叫ばなければ聞こえません。それを行えるだけのノドの強さがあればいいのですが私にはありません。そこでこの道具です。これなら指で軽く２回押すだけで，教室中に音が響きます。ホイッスルを使っていた時もあったのですが，ベルの方が便利です。

ストップウォッチ

　音読に限ったことではありませんが，ストップウォッチは活用の幅が広いです。ご紹介させていただいたTimed Readingの活動はもちろん，日々の音読活動のあらゆる場面で活用ができます。ですから，１人に１つあるのが理想的です。昔，私は30個のストップウォッチを自腹で購入し持ち運んでいましたが，今は

4月の段階で各自に購入するようにお願いしています。100円で購入できますし，電池も1年ぐらいは保ちます。

BGM

　音読をしていると声がどうしても小さくなり，周りがそれに引っ張られて声が出ないことがあります。そんな時，私はBGMを流すようにしています。今の勤務校には教室にパソコンが備えつけてあるので，何も持ち運びはしませんが，前任校などではMP3プレーヤーとスピーカーを持ち込んでいました。英文の内容に合わせた曲（例えば，クリスマスの話題ならクリスマスミュージック）をかけたりすると，少し気分が盛り上がります。ただし，生徒に人気の曲などは避けた方がいいと思います。理由は簡単で，生徒が歌い出すからです。また，環境にもよりますが，BGP（Back Ground Picture）やBGV（Back Ground Video）などを映し出しておくこともあります。

タブレットPC

　録画機能があれば，自分の音読を記録することができます。自分の音読を自分で聞くことには大人でも若干抵抗がありますが，改善点などを自分で判断できるので効果的です。また，録音ではなく録画することで，自分がどんな口をしているのかも確認できますし，何よりデータ管理が簡単です。音読ポートフォリオとして記録を残していけば，自分の成長が一目瞭然でわかるようになります。

仕掛け 7 指名を工夫する

　私の音読の目標の1つに「1人で音読を発表できるように育てる」というのがあります。学校で行う英語授業は学校教育に属するものですから，英語を習得させるだけではなく，子どもが自立していくことも目標にしています。音読を人前で発表できるようになることが，生徒の自立を促していくものになると私は考えています。

　ですから，毎回ではありませんが，音読活動の際には個別指名をして音読の状況を確認します。音読に限らずとも教師が生徒を指名するシーンというものが授業の中には存在すると思います。指名の方法を固定するのもいいのですが，私はバラエティをもたせた方がいいと考えています。

　指名にはいくつかのカテゴリーがあります。

規則型

　列ごと，出席番号順などの規則性のある指名方法です。メリットは，生徒が英語と心の準備をしっかりとできることです。指名されるのがわかっていれば，たいていの生徒はその部分だけでも準備をします。デメリットは，自分の順番が来ない生徒が集中しないことです。

不規則型

　ランダムに指名する方法です。教師が全くのデタラメに指名する場合もあれば，意図的にねらって指名する場合もありますが，生徒にとっては「いつ

指名されるかわからない」という状態です。メリットとデメリットは，規則型の反対になります。

意思表示型
「このページを読める人？」などと言い，生徒の挙手を求めるパターンです。小学校などでは多い発問ですが，中学校，高校などと学年が上がるにつれて手が挙がらなくなる傾向があるので，このパターンの発問はなくなってきます。

私は主に「意思表示型＋不規則型」の指名を中心にしています。Individual Reading でご紹介させていただいた「ジャンケン挙手」はこのタイプになります。また，「このページを50％ぐらいは正確に読めるよって人は手を挙げてください」などと指示することもあります。数字を変化（どんどん下げていく）させれば，手は挙がるようになります。

大から小に
最初は音読をクラス全体で行うことが多いと思います。そこからいきなり個人指名まで飛躍すると，音読が苦手な生徒にとっては苦痛です。できるだけ当たらないように祈りながら授業を受けている状態になってしまいます。ですから，クラス全体から個人指名までには，いくつかの段階を踏まなければいけません。班ごとであったり，列ごと（私は列車と表現しています）であったり，ペアであったり。少しずつ大から小にしていき，苦手な生徒に自信をつけてあげる。そして最後には１人で音読できるように育てたいなぁといつも思っています。

おわりに

　振り返ってみると，私の授業の中心には「音読」がありました。初任の頃は，とにかく音読ばかりをしていました。それは，「生徒の力を伸ばしてやろう！」という気持ちよりも，「音読していれば見栄えもいいし，時間もつぶれるし……」というような考えの方が強かったような気がします。

　中学１年生を担当した時，まだ何も英語が読めない生徒たちを相手することにより，自分の「逃げの音読」が封じられました。その時の私は，天邪鬼的な考えから「音読は基本的にはしない！　そんな授業を設計しよう」と考えるようになりました。結果としては「やはり最低限の音読はやらなければ，生徒の英語力は伸びないな……」と途中で気づき，方向転換することになったのですが，音読を客観的に見ることができるよい機会になったと思います。この頃から見栄えを気にしないで授業ができるようになってきました。

　気がつくと，自分よりも若い先生が職場に増えてきました。ある時，「先生の音読方法を教えてください！」と若手の先生にお願いされました。私は驚き，「え？　音読を教えるの？　いいけど，もっと適任の先生がいるんじゃない？」と答えました。するとその先生は「部活の生徒から，『正頭先生の授業はすごく頭を使うから大変。特に音読は疲れる。』という話を聞きました。頭を使う音読がどんなものかを知りたくて伺いました！」と言われました。私は授業の中で音読を大切にはしてきましたが，「強いこだわり」があったわけでもなかったので大変驚きました。また，「楽しい」ではなく「頭を使うから疲れる」という評価を生徒がしてくれていることもうれしかったです。

　私は自分の音読方法をその若い先生に一生懸命に伝えました。数回に分け

て，研修会のような形で若い先生たちに音読方法のことを伝えました。どこまでその先生方に伝わったかわかりませんが，何度も話していく内に自分の頭の中が整理されていく感覚がありました。そして，自分がいかに感覚的に音読をしていたのか，思いつきでやっていたのかを反省する機会にもなりました。本書を書かせていただけるようになった「根っこ」はここにあると思っています。

　本書では，音読の考え方やアイデアなどをご紹介させていただきました。ですが，「音読が授業のすべてなんだ！」とは私は思っていません。音読は私の授業の中のたった一部です。たった一部なのですから，必要以上に気をつかいません。もっともっと大事なことは他にもあります。ですが，音読の力で変えられるものが，教室の中には確かにあることもまた事実です。

　あせらず，あわてず，あきらめず，で進んでいけば，いつか見えてくる光景が必ずあると私は信じています。

　最後になりましたが，明治図書の林知里さんには，とても感謝しております。本書の企画をご提案いただき，構成などのやり取りをさせていただく中で，私自身にもたくさんの成長がありました。心より御礼申し上げます。また，卒業生を含めた教え子のみんなにも改めて感謝したいと思います。卒業生の中には英語教師として教壇に立っている人もいます。その人たちにとっては，「なつかしいなぁ」と思って読んでいただける本かもしれません。

　そして何より，本書を手にとっていただいた方に御礼申し上げたいと思います。本書が少しでも皆さまの日々の授業に役立つことを願って，筆を置きたいと思います。

　　　2015年8月　　　　　　　　　　　　　　　　　　正頭　英和

【著者紹介】

正頭　英和（しょうとう　ひでかず）
立命館小学校教諭。1983年，大阪府生まれ。関西外国語大学外国語学部卒業。関西大学大学院修了（外国語教育学修士）。京都市公立中学校，立命館中学校高等学校を経て現職。教師歴9年目。小学校から高校までのすべての校種で授業と担任の経験をもち，その経験を活かした学級づくりや授業方法のワークショップなども行っている。

〈主な著作〉
『英語授業の心・技・愛～小・中・高・大で変わらないこと～』研究社，『言語活動が充実する　おもしろ授業デザイン集〔低学年〕〔中学年〕〔高学年〕』学事出版，DVD「明日の教室第33弾　子どもが育つ授業＆学級づくり」（有限会社カヤ）など

〈メールアドレス〉
hidekazu_shoto@hotmail.com

中学校英語サポートBOOKS
5つの分類×8の原則で英語力がぐーんと伸びる！
音読指導アイデアBOOK

2015年9月初版第1刷刊　Ⓒ著　者　正　頭　英　和
2018年7月初版第7刷刊
発行者　藤　原　久　雄
発行所　明治図書出版株式会社
http://www.meijitosho.co.jp
（企画）林　知里（校正）川村千晶
〒114-0023　東京都北区滝野川7-46-1
振替00160-5-151318　電話03(5907)6703
ご注文窓口　電話03(5907)6668

＊検印省略　　組版所　株式会社アイデスク

本書の無断コピーは，著作権・出版権にふれます。ご注意ください。

Printed in Japan　　　　　ISBN978-4-18-191111-9
もれなくクーポンがもらえる！読者アンケートはこちらから　→

大好評！ゼロから学べるシリーズ

ゼロから学べる学級経営
―若い教師のためのクラスづくり入門―

四六判・168頁・本体1,660円+税【1193】　　長瀬拓也 著

授業をする力と同じくらい大切な学級経営の力。教師はそれをどのように学んだらよいのか、どうクラスを成長させていけばよいのか、ゴール・ルール・システム・リレーション・カルチャーという5つの視点（SRRC＝Gモデル）から紐解く、クラスづくりの指南書。

ゼロから学べる授業づくり
―若い教師のための授業デザイン入門―

四六判・168頁・本体1,660円+税【1593】　　長瀬拓也 著

ゼロから授業を見つめ直すこと・新しい学び方を取り入れていくこと・先行実践を大切にすること―ゼロベースから授業を学ぶことが授業づくりの柱となる！授業づくりの「方法」から「学び方」「高め方」まで、よりよい授業者になるためのヒントがぎゅっと詰まった一冊。

ゼロから学べる生徒指導
―若い教師のための子ども理解入門―

四六判・176頁・本体1,700円+税【1769】　　長瀬拓也 編著

力で押さえつける生徒指導から脱却しよう！トラブルが起きる前の予防的生徒指導＆よりよい解決を導くための対応型生徒指導を事例をもとに易しく解説。「指導」とは何か、ゼロから見つめ直すことで、誰もができる効果的な生徒指導について提案します。

ゼロから学べる仕事術
―若い教師のための働き方入門―

四六判・168頁・本体1,700円+税【1770】　　長瀬拓也 編著

若い先生こそ仕事の進め方は意識的に！特に、繁忙期である4月の仕事の仕方、苦しい時の乗り越え方・楽しく仕事をする方法など、知っておけば必ず差がつくコツやアイデアを多数収録。教師の本分である授業を充実させるために、取り入れてほしい工夫が満載です。

明治図書　携帯・スマートフォンからは **明治図書ONLINEへ**　書籍の検索、注文ができます。　▶▶▶

http://www.meijitosho.co.jp　＊併記4桁の図書番号（英数字）でHP、携帯での検索・注文が簡単に行えます。

〒114-0023　東京都北区滝野川7-46-1　ご注文窓口　TEL 03-5907-6668　FAX 050-3156-2790

＊価格は全て本体価格表示です。

思春期の子どもの心をつかむ生徒指導

10の心得＆場面別対応ガイド50

垣内秀明 著
【0948】Ａ５判
本体 1,760円＋税

生徒の問題行動は、学級を成長させるチャンス！

「先生には関係ないから黙っていてください」―学級で女子グループの対立が起きたとき、どう対処しますか？ 問題行動はその子だけの問題ではなく、学級全体の問題であるという考え方をベースに、多感な時期の中学生の心をつかむ指導の極意を具体的な場面別に紹介します！

第1章　生徒指導　10の心得
1. 生徒指導の前提条件を理解する　信頼関係作りに全力をあげよ
2. いかなる時も笑顔で接する　頼れる学級担任を目指せ
3. 一度は受け入れる　納得させて動かせ
4. 認めて伸ばす　教育信条を体に染み込ませよ
5. 教師の人間力を鍛える　行動せよ、時間を使え
6. 生活指導との違いを知る　生徒の成長の伴走者を目指せ
7. 子どもの心をわしづかみにする　交換日記と語りで信頼を築け
8. 即時対応で先手を打つ　生徒に振り回されるな
9. 言ったことは必ずやらせる・やってみせる　一貫した姿を見せよ
10. 子どもがあこがれる教師になる　太陽となれ

第2章　場面別対応例でわかる！子どもの心をつかむ生徒指導50
毎日遅刻してくる／授業時間中に立ち歩く／授業中に手紙を書いて回す／授業中に携帯が鳴った／服装や頭髪に乱れがある／不要物を持ち込んでいる／万引きをした／ＳＮＳやメールに関わるトラブルが起きた／席替えで問題が生じた／部活内でいじめが起きた／全校集会・学年集会への参加態度に問題がある／合唱コンクールの練習に真面目に取り組まない／問題行動を起こした生徒と保護者への指導　他

明治図書
携帯・スマートフォンからは **明治図書 ONLINE へ**　書籍の検索、注文ができます。▶▶▶
http://www.meijitosho.co.jp　＊併記4桁の図書番号（英数字）でHP、携帯での検索・注文が簡単に行えます。
〒114-0023　東京都北区滝野川7-46-1　ご注文窓口　TEL 03-5907-6668　FAX 050-3156-2790

＊価格は全て本体価格表示です。

好評発売中！

難しい文法をやさしく教える指導のノウハウが満載！

目指せ！英語授業の達人シリーズ
絶対成功する！
英文法指導
アイデアブック

- 30 中学1年 【図書番号：1793】136頁
- 31 中学2年 【図書番号：1794】136頁
- 32 中学3年 【図書番号：1795】132頁

瀧沢広人 著

各B5判・本体2,100円+税

英語授業の要は文法指導にあり！英語教師が文法指導方法について、最初につかむ「導入」ネタ、楽しい活動満載の「展開」、わかる！が決め手の「まとめ」の方法を、各学年の言語材料ごとに徹底解説。これさえあればすべてがわかる「文法指導の教科書」と言える1冊です！

「無意識」の習慣は、「意識」することでしか生まれない！

できる先生が実はやっている
学級づくり
77の習慣

好評即重版！

森川正樹 著
【図書番号：1829】四六判・200頁・本体1,860円+税

教師という仕事をもっと楽しみ、子どもたちにとってクラスをより居心地のよい空間にするためには、「習慣」が欠かせない。習慣化を意識することで、教師の力量は上がる。「習慣」を身につけて、「生活」を変え、教室の景色を変える、学級づくりの秘訣が満載！

できる先生がやっているのはこんな「習慣」！

「あたりまえ」をつくる／「説得」よりも「共感」で話す／先に「プラスの予告」をする／常に「子どもに話すなら」と考えて聞く／「答え」よりも「理由」をきく／伝えるために、信頼を築く／子どもの「長所」を見つける癖をつける／自分の「表情」はマスクで計る　他

明治図書　携帯・スマートフォンからは **明治図書ONLINE** へ　書籍の検索、注文ができます。▶▶▶

http://www.meijitosho.co.jp　＊併記4桁の図書番号（英数字）でHP、携帯での検索・注文が簡単に行えます。

〒114-0023　東京都北区滝野川7-46-1　ご注文窓口　TEL 03-5907-6668　FAX 050-3156-2790

＊価格は全て本体価格表示です。